1834-1899
L'itinéraire d'un maçon auvergnat

Claude-Alain Saby

1834-1899
L'itinéraire d'un maçon auvergnat

Des Combrailles à Beaujeu

Des rôles de l'Inconscient et de l'épigénétique

© 2018 - http://www.patronymesaby.fr
          http://scribe.jimdo.com

ISBN   978-0-244-37908-7

Confidences de l'auteur

Mathieu est né le 26 mars 1834 et a vécu 65 ans.

L'auteur de ce livre ne connaissait, il y a quatre ans, aucune des personnes citées dans ce livre, pourtant quelque chose, une force extérieure, une énergie, l'a poussée à les faire revivre.

Chacun de nous est un esprit sous une forme matérielle, le corps meurt mais l'esprit est là, présent, il suffit d'aller à sa rencontre.
Albert Einstein disait que la distinction entre le passé, le présent et le futur n'est rien d'autre qu'une illusion bornée et persistante, la mort serait par définition illusoire.
En écrivant ce livre, l'auteur a tenté de retracer l'histoire de Mathieu et de ses descendants, ou en tout cas de l'imaginer sans trop s'écarter de la réalité.

Ce livre est un travail d'enquête où se mêlent l'histoire locale et la généalogie, mais aussi la psychogénéalogie, et une science relativement nouvelle : l'épigénétique.

Ce livre contient aussi l'énumération de faits et d'événements qui se sont déroulés à cette époque car seule une immersion dans le passé permet de comprendre certains choix et surtout d'identifier les traumatismes vécus.

Comment imaginer Mathieu ?

Si l'on prend comme références les indications fournies lors des recensements militaires[1] des gens de sa famille à 20 ans et de ses futurs fils on pourrait s'avancer à lui dessiner la silhouette suivante :

taille environ 1,65m   yeux gris
cheveux clair châtain   menton rond
visage ovale   bouche moyenne
nez droit

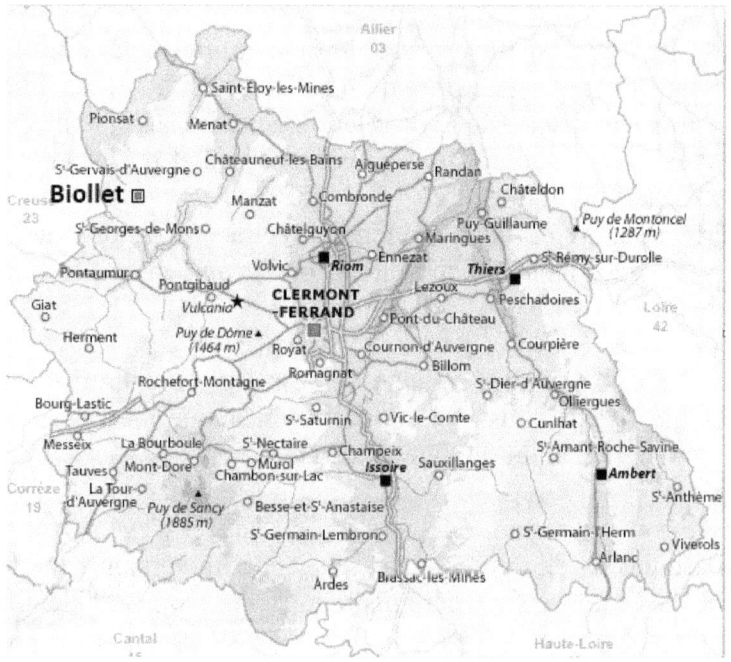

_____

1 *selon les termes des fiches des archives militaires*

L'auteur pousse cette recherche un peu plus loin en étudiant la vie des enfants et petits enfants de Mathieu.

Devant l'énonciation de tant d'événements et de traumatismes évoqués, on ne peut pas ressortir complètement indemne de cette lecture, ce n'est pas l'histoire d'un homme ou d'une famille mais plus généralement c'est l'histoire de gens du peuple.
Les époques traversées furent très dures, jalonnées par les décès, les guerres, les famines, par des drames et des désordres familiaux mais aussi par de profonds bouleversements industriels et sociaux.
La guerre de 14-18 fut une période charnière particulièrement difficile et traumatisante, laissant des traces indélébiles.

Écrire un roman familiale est une tâche très compliquée, plein de mystères que l'on cherche à éclairer. On se heurte à de nombreuses portes verrouillées et que l'on ouvre avec une extrême délicatesse ; ce qu'il y a derrière prend un sens que nous pourrions ne pas comprendre plusieurs générations après. Certaines fois ces portes ne s'ouvrent pas, celui qui possède les clés ne veut pas les confier, alors n'insistons pas ou bien procédons de manière différente avec comme renfort les statistiques, les sciences humaines et la biologie.
Dans tous les cas, on suit des pistes, découvre des secrets, des tragédies. Les émotions se distillent progressivement en nous malgré tout.
A la fin de cette étude, l'auteur s'est encombré des fardeaux de ses ancêtres et des faits du passé. Se libérer de cette chaîne, c'est retrouver sa liberté, encore faut-il replacer toutes ces informations simplement en marge de sa propre vie ce qui demande un effort.
Cheminer à travers le temps demeure une épreuve.

La narration démarre doucement pour s'accélérer progressivement.
Dans le dernier chapitre l'auteur cherche à établir un lien entre Inconscient et épigénétique afin d'expliquer la succession de traumatismes transgénérationnels et d'y trouver des remèdes.

Quelques mots encore

« Il est difficile de reconstituer l'histoire d'un homme qui bien que mon aïeul direct m'était complètement inconnu à ce jour. Plus d'un siècle et demi nous sépare. Ce livre est le résultat d'un travail d'enquête. Son passé est, au départ, plein de vide, obscure, où seuls des jets de lumière apparaissent au fur et à mesure de la progression de la recherche.

Je ne connais rien de sa silhouette mais j'envisage son ombre.

Je ne connais pas son visage, son allure, son caractère, mais je tente de reconstituer sa vie, je fais appel à son esprit.

Au fil de cette enquête j'ambitionne d'aller au delà de l'hologramme, j'essaie de le faire revivre, ou moins d'éclairer ce que fut probablement sa vie. Ce chemin est pavé d'hypothèses et d'interrogations mais m'appuyant sur les témoignages disponibles et grâce à la qualité de nos archives en France et au travail considérable de numérisation des documents, parcourir le chemin du passé est devenu plus paisible et plus riche ».

La Rochefoucauld a fait remarquer qu'on ne connaît bien les choses que lorsqu'on les connaît dans le détail et que les détails étant infinis, notre savoir est voué à rester superficiel. C'est là une remarque qui convient à ce livre qui énonce des faits qui sont partiaux et incomplets.

Mathieu n'a pas écrit ses mémoires, il ne savait pas écrire et de toutes façons des mémoires se trouvent toujours en retard sur le temps qu'ils rapportent. Avec du recul, beaucoup de recul, on peut étudier son comportement, comprendre ses décisions.

Pour cela il nous faut connaître l'époque car cette connaissance est très importante pour comprendre quel fut son destin.

A cette époque la France rurale vivait dans son monde.

Ce livre essaie de s'attarder sur le mode de vie et de pensée de l'époque, un espace-temps assez insaisissable.

Il est difficile de comprendre l'évolution des conditions de vie et des mentalités chez des populations muettes au niveau des écrits, compte tenu de l'absence de notes et de documents. Les paysans n'étaient pas des lettrés et n'ont laissé aucune trace, aucun témoignage.

Dans l'Histoire, les actes, les pensées et les paroles des illettrés ne sont pratiquement jamais évoqués et pris en compte. Les prêtres, les notaires, les voyageurs ont observé ce monde sans le décrire, sans compassion, sans bienveillance. Ils l'ont décrit de l'extérieur avec un certain nombre de préjugés.

Les documents d'état-civil, soigneusement réalisés en France, permettent néanmoins d'aider à sortir du silence cette population à condition toutefois de pouvoir interpréter ces textes sans apporter de jugement. L'exploration des récits, contes, danses, proverbes permet une meilleure compréhension du mode de vie.

La science permet maintenant de recouvrir de chair un squelette pour redonner une image à un être disparu, la psychogénéalogie permet de donner un corps vivant à un arbre généalogique avec ses sourires et ses cicatrices, ses rires et ses larmes, et dont certaines branches sont brisées.

Ecrire sur la vie de Mathieu après tant d'années, peut changer quelque peu le contenu de son enfance, de sa vie.

Il faut créditer l'auteur de ce livre du bénéfice du recul même si certains éclairages surprendraient Mathieu s'il était encore vivant.

Ce livre est l'occasion de le faire revivre, lui qui était tombé dans l'oubli comme toutes les autres personnes citées dans ce livre, qui n'ont plus de tombes ou n'en ont jamais eu et à qui l'auteur rend hommage.

Les paysans

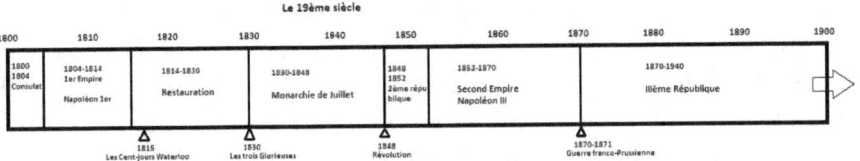

Dans la littérature les paysans ont toujours occupé la plus mauvaise place. L'Histoire ne retient que la noblesse, les bourgeois et les élites. Les ouvriers des villes et les paysans font peur et sont décrits en fond de tableau sous des aspects très sombres.

Au Moyen-Age, le paysan est laid, grossier, sale contrastant avec le gentilhomme décrit comme beau, fort et vertueux.

Cette image est abondée par les contes de fées, de Perrault, de Grimm, ou autres auteurs où il est question de Roi, de Princes, de Princesses, de fées, de châteaux. Le sort des héroïnes est toujours le même. Mais peut-être est ce plus facile pour une analyse en psychanalyse de ces contes de se situer dans ce type de rapports. Cendrillon par exemple, avant d'être choisie par le Prince, veut être sûre qu'il l'a voit telle qu'elle est, sale et dégradée. Autre exemple l'histoire du Roi-grenouille nous renseigne que la Princesse se réveilla un matin en voyant autour d'elle le plus beau des Seigneurs. La psychanalyse va au secours de ces situations car en réalité le problème n'est pas d'ordre social.

On peut d'ailleurs se demander quels seraient les contes si leurs auteurs étaient issus de la paysannerie, avec des amours parents-enfants différents de ceux de la bourgeoisie, avec d'autres problèmes d'adolescence pour des jeunes qui doivent travailler très tôt pour vivre, ou des conflits des générations, fréquemment exprimés dans

11

les contes, différents selon les classes sociales.
Ces contes existent pourtant mais ils n'ont pas été analysés.

Les contes de Hensel et Gretel ou Jeannot et Margot, enfants abandonnés dans le bois par leurs parents trop pauvres pour les nourrir en cette période de famine, se retrouve en Auvergne avec l'histoire de Jean et Jeannette. Ces contes étaient présents dans tous les esprits. L'une des bourrées les plus connues d'Auvergne, et l'une des plus gaies pourtant, traite des difficultés du mariage pour ceux qui n'ont rien car pour certains la pauvreté est héréditaire.

Le phénomène de l'enrichissement était si rare dans le monde paysan que lorsqu'un villageois parvenait à devenir aisé on disait que son activité était illicite voire même due au diable.

La littérature n'aime pas ces gens qui parlent des jargons bizarres et qui crient trop souvent famine. Ils n'apitoient pas les bourgeois. Au contraire leurs jacqueries font peur et sont toujours durement réprimées comme par exemple les jacqueries en Ardèche au 17ème siècle. L'empathie n'est pas de mise. Même les philosophe du 18ème ne sont pas tendre avec les paysans. Diderot contrairement à La Bruyère les décrit sévèrement. La Révolution et l'Empire vont commencer à modifier cet équilibre. En redistribuant les terres, les pauvres vont accéder à la propriété, mais cela n'empêchera pas l'exode rurale qui va s'amplifier dans la moitié du 19ème siècle.

Balzac, Flaubert, Maupassant et même Zola persistent à en faire des être stupides et les chargent de toutes les tares.

Pourtant certains idéalisent la campagne, tels Madame de Sévigné, Marie-Antoinette, Rousseau, George Sand bien sûr mais sans montrer le dénuement de ses habitants.

La campagne pour eux est un cadre pour des aventures sentimentales où les travaux pénibles des paysans sont complètement occultés.

Ils n'ont pas vu que la faim, et la peur de la faim constituaient un souci constant. Cette recherche angoissante du pain quotidien conditionnait leurs décisions et leurs comportements.

Le cultivateur travaillait toute l'année mais malgré ses efforts il ne nourrissait pas les siens, les choses en avaient toujours été ainsi.

Il n'y avait pas de sentiment de privation parce que les besoins étaient limités et que l'aspiration à quelque chose d'autre constitue un phénomène anormal.

Les gens ne se sentaient pas privés de jouissances qu'ils ignoraient. Cependant cet état d'esprit changea vers le milieu du 19ème siècle.

Le ton va changer car l'exode rurale du 19ème siècle va s'accélérer ; les paysans vont devenir des ouvriers des villes et vont se rapprocher des bourgeois, ils vont devenir mineurs, seront corvéables, sous-payés, maintenus dans l'illettrisme.

Mais sous Napoléon III, les grands travaux, les canaux, les routes, le chemin de fer, les ouvrages d'art, les bâtiments vont éviter les famines et vont permettre de résoudre les problèmes de subsistance. La disette qui avait dominé la vie sociale pendant des milliers d'années va devenir un événement exceptionnel à la fin du second Empire.

Les ouvriers vont s'organiser et chercheront à témoigner. Les conditions paysanne et ouvrière seront mise en lumière. Ce tiers-monde se dresse péniblement grâce à l'accès à l'écriture.

Comme dira Albert Camus, les ouvriers parlent de la misère en toute connaissance de cause.

Mais et surtout ce tiers-monde transmettra de génération en génération ses traumatismes curieusement dans l'indifférence générale encore à ce jour.

Le pays en Combrailles
(région de la Basse Auvergne)

Cette région est une terre vallonnée, maillée de nombreux hameaux et villages.
Les agriculteurs propriétaires de leurs terres n'en tiraient que de maigres ressources, si bien que beaucoup partaient passer une grande partie de l'année sur les chantiers de construction des grandes villes comme Paris, Lyon ou dans l'ouest de la France, pour exercer le métier de maçon. Ainsi, de l'adolescence jusque vers la quarantaine, les hommes étaient fermiers l'hiver, ouvriers le reste du temps.

On ne dispose que de très peu d'éléments pour raconter ce qui constituait le lot quotidien de ces maçons. L'empreinte caractéristique est celle d'un mode de vie fait de ruptures répétées. Ainsi se rappelle-t-on de dates immuables comme le départ des migrants et leur retour, associés aux changements de saison. On sait peu de choses sur leur souffrance, leurs gains, les risques de se faire détrousser en chemin, les maladies et leurs conséquences, leurs évolutions psychologiques, sociales et politiques surtout à la fin du 19ème siècle.

Le peu de choses que l'on sait vient principalement du récit autobiographique de Martin Nadaud, *Mémoires de Léonard, ancien garçon maçon*, véritable guide de la mémoire. Mais la mémoire brouille les temps, créant un passé intemporel et condensant les époques.

Heureusement il y a les archives, sortes d'évocations particulières plus ou moins intimes, comme les archives familiales, les « laissez-passer », les carnets de route qu'il fallait présenter à chaque passage, et où étaient notés les gains obtenus, les contrats, mais très peu de photos ou d'objets pouvant donner un contenu à une réabilitation de la mémoire.

On juge ce passé au travers ce que l'on sait des longues marches épuisantes, de la crasse des auberges, de la pénibilité du travail. Ce que l'on admet moins c'est que toutes ces épreuves n'entamaient pas l'allégresse et le fort sentiment de liberté qu'éprouvaient les partants. Dans tous les villages, il n'y avait pas un enfant, tant soit peu robuste, arrivé à l'âge de treize ou quatorze ans qui ne rêvait d'abandonner les travaux de l'agriculture pour partir. Ce que l'on peine à imaginer c'est que ces départs étaient vécus, non comme contrainte, mais comme une ouverture et un espace de liberté.

Ce n'était pourtant pas l'aventure car rien n'était laissé au hasard. Les trajets, les étapes, les lieux de destination, les spécialisations professionnelles, étaient connus et admis.

Les agriculteurs dans ce pays avaient une vocation à être maçons pour différentes raisons.
L'une d'elles est liée aux conditions de mise en valeur des terres où la roche est partout. Il fallait écarter les pierres sur les côtés du champ, contourner les rochers quand on labourait.

Avec les pierres ramassées dans les champs, on a construit des kilomètres de murets pour délimiter les parcelles et les propriétés comme dans la plupart des régions de la moitié sud de la France, ce n'est pas une spécificité auvergnate. Progressivement les techniques d'empilement ont évolué : avec ou sans ciment, techniques de juxtaposition des pierres, techniques de soutènement, de choix des pierres. Cette familiarité avec la pierre et des techniques de construction, se traduit aussi par une connaissance des roches, de leur qualité, tout ceci étant le fruit de leurs expériences.

Ces rapports des agriculteurs avec la pierre se perdent dans la nuit des temps et n'est pas propre aux agriculteurs français si l'on considère le nombre et l'importance des constructions réalisées dans le monde et dans un passé lointain, sur tous les continents.

Il n'y a pas de village en France qui n'ait sa pierre remarquable ou son chaos rocheux : mégalithes, dolmens, pierres enveloppées de mille croyances dont l'espoir est le marqueur principal.

Ce livre tente de retracer donc l'histoire de Mathieu, qui fit comme les autres à son époque, « il part à l'autre bout de l'horizon pour chercher une vie meilleure ».

Le hameau de La Brousse

En cette année 1834, Chateaubriand abandonne la vie politique après quinze jours de prison sanctionnant sa participation au complot contre le Roi.
En mars la préface et la conclusion des Mémoires d'outre-tombe sont publiés dans la Revue des Deux-Mondes.
En cette année 1834, Lamartine fait son premier discours à la Chambre.
En février 1834 commence à Lyon ce que l'on appelé la révolte des canuts.
Le 25 mars 1834, une loi limitant le droit d'association est votée.

Le 26 mars 1834, naît Mathieu, dans une ferme du hameau de La Brousse[2], entre les villages de Biollet et Saint Priest des Champs dans la basse Auvergne, région des Combrailles, dans le département du Puy de Dôme. *C'est un paysage de collines, de plateaux, de forêts, de rivières, de l'autre côté des volcans. Entre le Puy-de-Dôme, l'Allier et la Creuse se situe la région des Combrailles, l'un des endroits les moins peuplés de France.*
Ses parents ne connaissaient sûrement pas Chateaubriand et Lamartine, ni même aucun de ceux qui gouvernaient le pays.

Ainsi Mathieu vient au monde à dix heures du matin dans la ferme d'un cultivateur de trente cinq ans, Annet Saby et d'une femme de trente trois ans, Antoinette Favier.
Il n'était pas le premier enfant ; il y eut avant lui, Gervais né le quinze janvier 1828 qui deviendra maçon, et Catherine née le vingt février 1830. Après sa naissance il y aura Marie née en juillet 1836,

---

2   On trouve en France de nombreux hameaux portant le nom de la Brousse qui est aussi un terme colonial

une autre Marie née le vingt avril 1838, puis encore une autre Marie née le neuf septembre 1840, puis Jacques né le quatorze août 1842 qui sera maçon, et enfin Amable né le huit août 1845 qui sera lui aussi maçon. Nous verrons par la suite que ce métier n'était pas au départ dicté par un choix mais par une nécessité, puis par la suite est né une dynastie de maçons ; on est passé du monde des agriculteurs au monde des ouvriers jusqu'à la guerre de 1914.

Ainsi huit enfants, nés pratiquement à intervalle régulier de deux ans, composeront cette famille.
Cet écart d'age est intéressante car elle permet, en général, de bonnes relations entre frères et sœurs et permet d'établir une amitié et une connivence. Mais à cette époque et dans les campagnes, cette réflexion n'a pas beaucoup de sens. Toutefois l'écart entre le premier et le dernier étant de dix sept ans, laisse supposer un rapport de parent virtuel entre l'aîné et le plus jeune.
La mortalité infantile à cette époque restait très élevée, deux des enfants citées mourront assez tôt , deux filles Catherine et Marie. A cette époque la perte d'un enfant ne constituait pas un choc particulier. La naissance d'un bébé mâle était saluée par des réjouissances, si c'était une fille, le père était généralement embarrassé. Avoir trop de filles constituait une « calamité ». Les hommes avaient de bonnes raisons de souhaiter des garçons car ils seront utiles pour les travaux agricoles. Et quand le garçon se mariait, la propriété familiale avait des chances de s'accroître, au lieu d'être saignée par les dots.

Dans une symbolique numérologique ou chronologique, Mathieu étant le troisième de la fratrie aurait un rôle de communication et d'animateur. À moins qu'il ne prennent le rôle de conseiller qu'aurait eu sa sœur cadette Catherine. Cela nous laisse un peu entrevoir son caractère si l'on croit à ce type de symboles.
Son frère aîné Gervais a donc, dans cette symbolique, un rôle de chef, il transmettra d'ailleurs le prénom Gervais à deux de ses trois

fils. Le fils aîné s'appellera Jean et sa fille, aînée des enfants, Marie. Jean aura trois filles et un garçon Gervais. Cette souche restera habiter dans le hameau ou dans les hameaux proches.

Mathieu ne le sait pas encore, mais il sera lui aussi maçon comme ses frères Gervais, Jacques, Amable. Ainsi aucun fils ne reprendra la ferme et le travail des champs.

Dans cette famille, le prénom Gervais est retransmis de génération en génération suivi des prénoms Annet et Marien puis ceux de Jacques et de Henri.
Appeler leur fils Mathieu est une nouveauté.
En transmettant des prénoms anciens, cette famille avait donc des règles et se sentait investi d'une mission familiale imposée probablement par le chef de famille mais aussi par les membres d'un cercle familial élargi aux oncles, tantes, cousins, grand-parents. L'implantation de cette famille sur cette terre semble très ancienne ; l'influence romaine est fortement possible au moins pour ce qui concerne le nom.

Les premiers cris de Mathieu retentirent dans l'une des pièces familiales où régnait le plus grand désordre ; pièces aérées par une seule porte et des petites fenêtres étroites. Les chiens, les chats, les poules circulent sur le sol dallé, ce qui n'était pas fréquent dans ces maisons à cette époque. Ce sol sur lequel on apportait, avec les sabots, les immondices de la basse-cour qui était de plain-pied avec cette pièce, doublée d'une autre pièce, de l'autre côté de l'entrée où l'on entassait les outils agricoles à main, les vieux lits et bien d'autres rebuts.
La maison était solide, bien construite, en pierre avec un toit de chaume.
Le hameau s'était installé sur un plateau et dominait les champs. La maison de Mathieu était à gauche en bordure d'un joli chemin bien aménagé qui menait aux champs et jouxtait un bois. Pas très loin, à

une centaine de mètres on pouvait voir les maisons des voisins.

Le hameau était composé de six familles ; il y avait Marien Martin qui se mariera avec Anne Cluzel, ils auront trois enfants, Jean Chaffraix et sa femme Marie Lamandon, ils auront aussi trois enfants et hébergeront la mère de Jean, née Rosegrenet. On trouvera la maison de Pierre Louis et d'Henriette Chaput sa femme, ils auront deux fils portant tous les deux le prénom de Louis. Puis la maison de de Jacques Cromarias et de Marie Thel, ils auront une fille et auront comme domestique Anne Martin. Les deux autres maisons appartiennent à des membres de la famille de Mathieu ; ainsi à l'entrée du hameau on peut trouver la maison de Gervais et de sa femme Charlotte Desarménien. Ils auront sept enfants.
Gervais est l'oncle de Mathieu (et donc frère d'Annet son père). Cette maison abritera un peu plus tard l'un des fils, Marien, marié avec Marie Merly ainsi que leurs descendances.
Enfin la dernière maison sera occupée par des cousins (Annet et sa femme Marie Louise), enfant de Marien, un autre frère d'Annet le père de Mathieu.
Même si le hameau se composait de peu de maisons, on peut imaginer qu'il existait une certaine animation, et beaucoup d'entre-aides entre les familles. Mais il y a une autre facette à envisager.

En réalité, à la campagne, dans ces hameaux, il n'y avait pas d'amis[3] au sens « relations solides fondées sur un choix personnel », c'était le lien de parenté qui comptait, ce lien qui dictait les associations, les ventes, les achats. D'où l'attention prêtée au mariages. On n'épousait pas une femme, mais une famille. C'est la valeur de leurs biens qui permettaient à deux personnes de s'unir et les jeunes préféraient épouser un proche ou un voisin dont les faits et gestes sont familiers. Pénétrer dans un foyer étranger constituait une déchirante expérience. Ainsi l'intérêt et les préjugés se sont entremêlés à cette époque pourtant pas très lointaine.

---

3   « La fin des terroirs » Eugen Weber, page 248, chapitre 11

Cette énumération est un peu fastidieuse mais elle permet de comprendre qu'un hameau était avant tout une grande famille avec ses règles et sa hiérarchie et où tout le monde avait sa place.

Un petit récapitulatif s'impose concernant la famille de Mathieu :

    o **Gervais** 16/4/*1766-1809* &1792? **Jeanne Louis** *10/1764-1801*

        o Henri *1796-*
        o Jean *1784-*
        o Gervais *1787-* &1810 Charlotte Désarménien *1786-*
            o Marien 23/9/*1815-* 1/5/1862 & 17/1/1846
               avec Marie M erly 8/6/*1822-27/3/1868*
               o Gervais *1846-* & Anne Chaput *1853-*
                  o Jean *1871-*
                  o André *1873-* &1891 Gilberte Tardivan
               o Pierre *1851-* & Marie S aby *1857-*
                  o Marie *1878-*
                  o Jean-Marie *1882 & Marie Madebène*
                  o Eugène-André *1886-*
            o Gilberte *1818-* &1848 Jean Louis
            o Margueritte *1820-*
            o Anne *1823-*
            o André *1824-* & Marie Louis
               o Francois *1848*
               o Marie *1857-* & Pierre Saby *1851-*
            o Amable & Marie Sénéchal

        o Marien *1792-1869* & Marie Lamandon *1799-*
        o Gervais *1825* & Marie Faure
        o Jean *1826-*
        o Antoinette *1828-* &1852 François Chaffreix
        o Annet *1830-* & Marie Louise
        o Gervais *1832-1883* &1869 Marie Faure *1847-*
            o Jacques *1864-* & Jeanne Gourdon *1862-*
               o Jean-Marie *1890-*
            o Francoise *1867-*
        o Antoinette *1832-* & François Chaffreix
        o Jean *1834-*
        o Henri *1836-* & Gabrielle Perchet

o Marie-Virginie *1862-* & 1890 Pierre M
o Amélie *1864-*
o Jean *1867-* & Augustine Favier
  o Henri-Aimable *1893*
    & Françoise Nouhen
  o Pierre Marius 1896
  o Eugène Léon 1899
o Jacques *1838-*
o Marie *1840-*

o **Annet** *1793-* &1833 **Antoinette Favier** *1801-*
o Marie *1838-* & André Rougier *1836-*
o Marie *1836* & Amable Aubignat
o Jacques *1842-*
o Amable *1845-* & Marie Sénéchal
  o Jean *1868-*
o Gervais *1828-* & Marie Beaufort *1834-*
  o Marie *1859-* &1880 Antoine Barga *1859*
  o Jean *1862* & Amélie Lécuyer 183
    Gervais 1893-1973 & 1935
      avec Marie Françoise Cluzel
    Marie-Gervaisine
    Marie-Elisabeth
    Marie-Angèle
  o Gervais *1864*
  o Gervais *1867-1868* & *1889 Marie Bonnet*
    Jean-Charles 1891-1977& 1919
      avec Marie- Jeanne P
o Catherine *1830-*
o **Mathieu** *1833-1898*

Nous retrouverons la généalogie descendante de Mathieu un peu plus loin, à la fin de ce livre.

Acte de naissance de Mathieu (archive du Puy de Dôme)

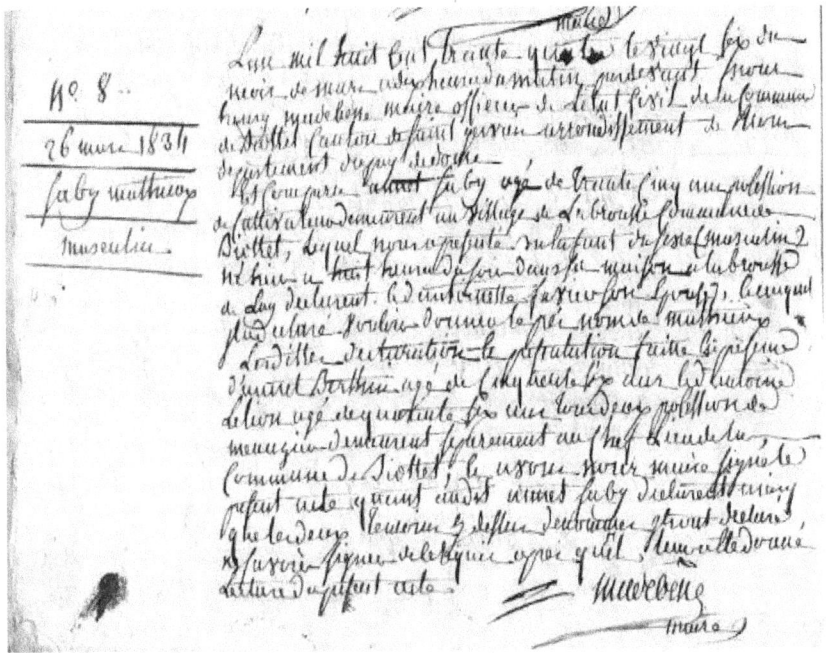

L'an 1834, le 26 du mois de mars à 10 heures du matin par devant Henry Madeben, maire, officier d'état civil de la commune de … de Saint Gervais, arrondissement de Riom, département du Puy de Dôme, a comparu Annet Saby agé de 35 ans, profession de cultivateur, demeurant au village de La Brousse, commune de Biollet, lequel nous a présenté son enfant de sexe masculin née d'Antoinette Favier sa mère. Ils lui donnent le nom de Mathieux

En présence d'Annet berthin agé de 56 ans, d'Antoine Lelion agé de 46 ans. Les témoins et Annet Saby déclarent ne pas savoir signer le présent acte.

Quelques explications : le grand-père d'Annet s'appelait Marien, il s'est marié trois fois : la première fois avec Magdelène Payrand, la deuxième fois avec Marie Berthin (voir le nom du témoin), la troisième fois avec Anne Lelion (voir le nom du témoin). Annet et donc Mathieu descendent de ce troisième mariage.

Mathieu a probablement été un bébé en bonne santé, né à la sortie de l'hiver.

Il est venu au monde dans un lit rustique, œuvre d'ancêtres dont on a oublié les traits des visages.

Le jour pénétrait par une fenêtre carrée dont la vitre connaissait surtout le lavage des pluies d'automne et de printemps.

Quelques images pieuses ornaient les murs, jaunies par le temps ou noircies par le feu de cheminée. Ces images sont importantes.

La Combraille est une région très pieuse avec une multitude d'églises et de chapelles. L'église Saint Pierre de Biollet comporte des chapiteaux scultés, marque d'une certaine richesse.

L'histoire paysanne des Combrailles est à lier avec son patrimoine religieux. Plusieurs édifices religieux trouvent leur raison d'être dans les croyances paysannes. Ainsi, la Fontaine Saint-Blaise à Saint-Julien la Geneste était réputée pour les vertus curatives de ces eaux sur le bétail. A Gouttières, la Chapelle de Montagard Notre-Dame des Blés était un lieu de pèlerinage où chaque paysan amenait faire bénir quelques épis de blés pour assurer de belles récoltes. Les croix aussi avaient leur importance dans le paysage à la fois rural et religieux des Combrailles. Que ce soit des croix de délimitation entre propriétés, des croix de mission ou de protection construites par des paysans pieux, ces croix font partie intégrante du paysage des Combrailles. Enfin à quelques kilomètres, se situe la chartreuse du Port-Sainte-Marie, sur les bords de la Sioule aux confins des communes de Chapdes-Beaufort, Les Ancizes-Comps et Saint Jacques d'Ambur. Fondé en 1219, ce monastère qui suivait la règle de saint Bruno, étendra son emprise sur la région des Combrailles et même au-delà.

Le rôle de la religion fut grand car les paroles et les images pieuses avaient pour effet de diminuer le stress ressenti par les gens et de leur donner un équilibre plus « apaisant ». La religion maintenait cette unité entre le corps, la pensée et l'émotion.

Le berceau de bois n'avait aucune prétention sinon celle d'être fonctionnel si l'on se réfère à la dureté de ses contours. Pourtant Mathieu n'est pas le premier occupant des lieux, des générations successives y avaient goûté leurs premiers sommeils. Des hommes et des femmes s'étaient succédés avec pour ligne de vie de travailler durement et d'enfanter souvent. Ce berceau avait connu aussi le décès de plusieurs nourrissons dont le souvenir s'est évanoui avec eux.

Ainsi commença la vie de Mathieu, étroitement ligoté, bandé comme une momie et dont les langes séchaient en continu devant le feu. Lorsqu'il pleurait, il était nettoyé, caressé, et reficelé jusqu'à la prochaine fois. On parle des gestes du semeur mais on pourrait tout aussi bien parler des gestes immuables des mères lors des premiers mois d'un nourrisson.

Mathieu est né dans cette même pièce où on cuisinait, mangeait, dormait, procréait, naissait et mourait. Annet, son père, faisant partie des paysans indépendants, selon la définition des classes sociales, exploitant de 10 à 30 ha environ. Il possédait au moins un train de labour, par exemple deux chevaux de trait et une charrue. La main d'œuvre employée est essentiellement familiale mais il avait recours parfois à des journaliers et à des ménagers au moment des moissons. Il n'était pas riche mais il était néanmoins propriétaire de sa maison.

La plupart des paysans moyens comme Annet ajoutaient aux profits de leur exploitation, les revenus d'un métier artisanal. Dans ce cas ce métier fut celui de maçon. D'abord métier d'appoint il finit par devenir le métier dominant et principal pour différentes raisons dont celle de la disette qui sévit dans le milieu du 19ème siècle. C'est dans ce groupe social que se rangent des métiers comme vignerons, aubergiste, menuisier...

Cette remarque est importante car elle souligne la difficulté pour quelqu'un de s'élever socialement.

La place occupée par chacun au sein d'un hameau ou d'un village dépend de critères très complexes ou interviennent les distinctions d'honneurs et de dignité, le pouvoir, et l'enracinement dans la communauté, le savoir, l'instruction.

Au sein d'un hameau chaque famille avait sa place pour plusieurs générations. L'ancienneté de la famille, l'estime et le mérite étaient des critères importants. Le pouvoir s'exprimait de différentes façons, au début selon le charisme et la personnalité des gens puis progressivement le savoir prit de l'importance. Les paysans qui maniaient la plume, qui savaient lire, écrire et compter pouvaient prétendre à participer au pouvoir de la communauté villageoise. Cela supposait bien sûr l'existence d'école à proximité des hameaux et villages.

Difficile dans ce cas d'accéder aux mécanismes de l'ascension sociale.

A peine né, Mathieu savait qu'il avait peu de chance de gravir un ou deux barreaux de l'échelle sociale. N'étant pas l'aîné, il n'aurait pas de terre ni capital. Il lui faudra donc trouver une autre solution comme migrer dans une autre région, proche ou lointaine. Pourtant une fois rendus en ville les ruraux restent en général au bas de l'échelle des états et des métiers des cités où ils s'installent ; la ville ne constitue pour eux qu'un mirage. La génération suivante pourra espérer peut-être un meilleur avenir.

Le mariage, vrai révélateur des hiérarchies, peut d'ailleurs constituer un moyen de s'élever socialement. Au sein d'un village cela faisait l'objet d'une stratégie familiale qu'une migration des membres du village viendra bouleverser.

Voilà à quoi peut s'attendre Mathieu.

Mais revenons à sa naissance

A cette époque, nombreuses étaient encore les femmes qui mouraient lors d'un accouchement, mais Antoinette était robuste et en bonne santé.

Ce matin elle est allée chercher de l'eau au puits, il pleuvait légèrement mais la température était douce. Elle sentie les premières contractions et avertie son mari. Celui-ci continua à réparer ses outils jusqu'au moment où il dut porter sa femme à l'intérieur de la maison.

Le feu était allumé depuis le matin , une marmite d'eau au dessus des braises. Le linge était prêt depuis plusieurs jours.

Elle avait attendu le dernière moment pour faire intervenir la sage-femme, qu'on appelait accoucheuse au pays de Combraille. Cette dernière n'avait fait aucune école et était sous la dépendance et la surveillance étroite du clergé. Une sage-femme qui, le jour de son entrée en fonction, prêta serment sur l'Évangile au cours de la Grand-Messe: "*je m'engage à recourir, dans les périls éminents, au conseil et à l'aide des médecins et des autres femmes expérimentées dans cette fonction ...*".

En réalité le clergé s'assurait surtout que les accoucheuses savaient administrer en cas d'urgence le baptême à un enfant en danger.

La sage-femme était peu instruite sur son art et ne pratiquait que par routine, par contre elles avaient beaucoup de travail si l'on considère le nombre important d'enfants par femme.

Antoinette a échappé à la mort en dépit du manque de soins hygiéniques, aux fièvres puerpérales courantes compte tenu de l'absence de désinfectants connus et de l'incapacité des sages-femmes. Antoinette n'a pas eu recours à l'utilisation des forceps très fréquente à cette époque surtout dans les hôpitaux.

Mathieu n'était pas son premier enfant, elle possédait maintenant quelques notions de puériculture, ces notions élémentaires, ces lumières, que possèdent généralement une grand-mère si celle-ci a survécu ou à défaut une vieille voisine ou cousine qui pronostique, dans ces cas difficiles des remèdes appropriés et inconnus.

Ainsi naquit Mathieu sous la Monarchie de Juillet. Il ne sera pas vacciné, aura une vie difficile et, disons-le maintenant, vivra quand même soixante cinq ans.

Le hameau vivait au rythme des naissances et des décès. Les cris des nouveaux nés enveloppaient les maisons, c'était une situation normale, personne ne ressentait de gêne ni même d'agacement. Aller à l'église et au cimetière était un cheminement normal et occupait une grande partie de leur temps au cours de leur vie. Le baptême et le dernier hommage encadrait une vie bien remplie mais souvent courte.

Dès les premiers cris de Mathieu les voisins et la famille viennent prendre des nouvelles, se renseignent sur le sexe de l'enfant, évaluent son potentiel futur et sa place au sein de la communauté.

Dans la maison il y avait une réserve d'eau bénite apportée de l'église lors de la veille de Pâques ou de la Chandeleur. Cette eau était utilisée pour protéger les édifices et les récoltes, pour baptiser en urgence un enfant mort-né ou pour asperger un mort.

Pourquoi protéger les édifices ? Parce que les incendies étaient nombreux, accidentels ou volontaires, attribués à la foudre, à la paille, au transport de braises entre maisons. Les toits en chaume, source de nombreux incendies obligent un certain espacement entre les maisons.

Au sein d'un village, chacun a sa place, où se jouent des types d'interactions familiers ; chacun se trouve donc intégré dans divers groupes sociaux, ces derniers identifiant et structurant par des éléments durables le village ou le hameau.

Un village impose un modèle de conduite à chaque habitant, lié aux attentes du groupe. Ce rôle dévolu n'est cependant pas figé et évolue dans le temps. Il peut y avoir des conflits car l'apport d'idées extérieures peut modifier le comportement du groupe ; l'équilibre se réalise soit en intégrant ces idées soit par le départ du porteur de ces idées.

Mathieu arrive dans une communauté stable et relativement figée que les difficultés économiques du milieu de ce siècle va faire bouger.

Ainsi Annet a déclaré la naissance de son fils accompagné de deux témoins, Annet Berthin, âgé de trente six ans, et Antoine Lelion, âgé de cinquante six ans.

Annet Berthin est de la famille de la deuxième femme de son grand-père Marien et Antoine Lelion est de la famille de la troisième femme de ce même grand-père. Les liens familiaux ne se détissent pas et restent bien présents malgré les années et les générations. Bien qu'éloignés géographiquement de quelques kilomètres, les cousins resterons toujours en contact au point d'avoir plus tard des projets très proches.

Comment fut la jeunesse de Mathieu ?

Contrairement à beaucoup d'autres enfants, le fait d'être dans un hameau, environné de gens connus depuis plusieurs générations, de vivre dans un milieu social que l'on qualifierait, avec optimisme, de moyen mais probablement pas pauvre, permis à Mathieu de s'épanouir sans trop de difficultés.

A cette époque, Victor Hugo s'est insurgé contre le travail des enfants, et a réclamé l'instruction pour tous. Par son œuvre littéraire il a su faire ressortir les différents aspects que pouvait avoir l'enfance au 19ème siècle, à travers Gavroche, Eponine, Azelma, Cosette. Son influence concernant la prise de conscience de ce phénomène social fut grande.

Au 19ème siècle si la famille bourgeoise soigne ses enfants et se préoccupe de l'avenir professionnel de sa progéniture, les familles ouvrières et paysannes ont la survie comme principal souci. Ces familles vivent dans une pièce unique au mobilier pauvre ; la famille, nombreuse, est victime de la révolution industrielle. L'exploitation des enfants sur leur lieu de travail est une réalité dramatique mais grâce à l'école et aux lois sociales en faveur des mineurs, elle recule progressivement jusqu'à devenir, à la fin du 19ème siècle, un fait marginal.

L'école de la République est un facteur de promotion sociale mais ce mouvement sera très lent et restera très inégalitaire.
Mathieu ne profitera pas de ce mouvement car il n'y avait pas d'école dans sa région des Combrailles.
En ville, l'éducation de l'enfant pauvre se fait essentiellement dans la rue ou sur le lieu de travail et progressivement à l'école.
Le petit mendiant est présent tout au long du siècle. Il ne s'agit pas d'un mendiant occasionnel, mais d'un enfant contraint de demander la charité aux passants été comme hiver. Chassé par la police, il se

déplace de quartier en quartier. Le châtiment suprême est de lui imposer d'aller à l'école. Comme le décrit Victor Hugo, l'enfant vagabond erre dans les villes. Il y a aussi les enfants victimes d'une véritable traite et sont vendus par les familles trop pauvres pour les nourrir et expédiés dans des régions lointaines. Ils sont souvent contraints à des tâches dégradantes ou dangereuses. Les «enfants de l'Empire» sont arrachés à leur sol natal pour servir dans les pays colonisés. D'autres finissent en prison pour délinquance : petits voleurs, fillettes prostituées, complices de malfaiteurs adultes.

Les enfants sont embauchés très jeunes dans les voiries, les manufactures de tabac, les filatures de coton. La journée de travail est de quatorze à seize heures pour un salaire quatre fois inférieur à celui d'un adulte. Maltraités, mal vêtus mal nourris, ils doivent parcourir à pied, dès trois heures du matin, la longue distance qui sépare leur maison de leur atelier et faire le soir le chemin en sens inverse, après une journée de travail harassante. Dans les mines, on les emploie, parfois dès quatre ans, à ramper dans les étroites galeries, attachés comme des animaux au chariot que pousse un autre enfant. Leur tâche consiste à ouvrir et fermer les portes des galeries, les obligeant à rester seuls sous terre dix à douze heures.

Le livre autobiographique d'Antoine Sylvère, « Toinou » nous enseigne sur les conditions de vie d'un enfant auvergnat au 19ème siècle. Ce livre éclaire sur les conditions de vie des paysans, sur la grande désolation des enfants sans joie, battus, exploités, enrôlés à l'usine.

Toinou rend compte de ce que furent ses jeunes années dans un environnement où règne la misère sociale. La violence envers lui, les humiliations, les punitions font partie de son quotidien. Maltraité par ses parents, maltraité à l'école, il n'a rien à attendre de la vie, il ne connaît ni joie, ni espérance. le monde se scinde en deux clans, celui des riches et celui des pauvres. Ce tableau réaliste, digne des écrits de Zola, est un témoignages de grande qualité, vécu de l'intérieur. Toinou refuse sa condition et à force de ténacité réussit à entreprendre des études. Si ce roman social est noir et réaliste il est aussi porteur d'espoir.

Mathieu, ses frères, ses sœurs, ses cousins, ses amis ont été préservés d'un tel sort mais leur condition sociale n'était pas pour autant reluisante.

En regardant de près l'arbre généalogique, on observe qu'il était malade depuis très longtemps ; il n'a pas eu de rencontre avec des arbres structurants lui permettant de générer une guérison au niveau psychologique, en d'autres termes aucune progression sociale n'était possible.

Le prénom Gervais s'est propagé longtemps ; il s'est perdu quand l' « arbre » a dévié dans une autre région. Ce prénom est peut-être révélateur d'un ancêtre que l'on cherche à vénérer ou remercier, peut-être est-ce celui qui s'est implanté dans la région avant le 18ème siècle, ou un Gervais qui s'est fait remarquer pendant la révolution française (au même moment l'un était propriétaire et un cousin est mort à Blois). Cette répétition n'est pas un phénomène de mode mais réellement une obligation familiale inconsciente.

Les prénoms issus de l'arbre du patronyme tels que Annet, Marien, Antoine, Gervais, semblent avoir été imposés par le père au moins pour les premiers enfants. Pour les enfants suivants dans la chronologie, on retrouve des prénoms plus fréquemment donnés dans les arbres généalogiques des mères. Cette tendance est accentuée avec le temps, l'éloignement géographique et la disparition du père avant la naissance.

Les enfants étaient rarement seuls, ils occupaient une place au sein d'une fratrie même en l'absence du père ou de la mère.

La chronologie lui fait occuper un rang et lui donne des responsabilités qui influencent très tôt sa vie. De nos jours la cellule familiale est restreinte aux parents et aux frères et sœurs.
Aux époques antérieures et compte tenu des conditions citées, le

cercle familiale était plus vaste et étendu aux grands-parents, aux cousins, voire même existait-il un autre cercle comprenant les voisins habitants le hameau ou le village.

En l'absence du père et de la mère l'éducation des enfants était réalisée par la communauté. Ce groupe que constitue cette communauté joue un rôle primordial ; ce groupe est un lieu privilégié et familier où les enfants peuvent expérimenter leurs relations avec autrui, au sein duquel il se construit un espace de vie étroitement lié aux relations qu'il établit avec un environnement qui l'apaise malgré l'importance et le poids des difficultés auxquels il doit faire face.

Dans l'arbre généalogique présenté, on ne dénombre aucun fantôme : aucun vol, meurtre, délinquance... Ainsi s'établit un système équilibré d'interdépendance et de solidarité. Le comportement de chacun est déterminé par la manière dont le groupe se représente le milieu extérieur et la signification que ce milieu a pour le groupe.

Ils étaient pour la plupart cultivateurs au début puis maçons vers le milieu du siècle, certains ont migré ensemble vers le même lieu. Les cousins éloignés dans l'arbre généalogique restaient très proches et se parlaient. Ce groupe familial possédait donc une dynamique bien à lui. Des membres de l'arbre du premier mariage de Marien ont migré vers Fleurie dans le Beaujolais, des membres du troisième mariage de Marien ont migré à Beaujeu. Hors Fleurie et Beaujeu sont seulement distants de quelques kilomètres. Ont-ils continué à se voir ou les voies et les réseaux de communication ont-ils été rompus ?

Des modèles en psychologie sociale partent de l'idée que le comportement social d'une personne est déterminé par les influences extérieures considérées comme des facteurs déterminants.

Pour ce qui concerne la famille de Mathieu, le groupe familial étendu au premier et deuxième cercle, est stable et répétitif. Pourtant ces hommes voyagent, sont abreuvés d'informations extérieures, d'images nouvelles, mais rentrant dans le groupe ils sont repris par les liens ancestraux et naturels.

En réalité le comportement de ces gens dépend plus de processus mentaux que des influences extérieures, c'est à dire de la façon dont ils intègrent dans un élément psychique les éléments d'informations du milieu en les traitant suivant des modes opératoires complexes leur permettant de comprendre la réalité sociale et de leur conférer des significations.

Ces gens ont eu le souci de se préserver des difficultés du monde extérieur, d'autant qu'ils avaient fort à faire avec leurs propres difficultés.

Le groupe familial a pendant des générations défini ses propres processus de traitement et d'intégration de l'information, il a mis en œuvre ses propres constructions cognitives de la réalité.

Le groupe familial élargi est le garant de l'histoire de la famille, il recueille les informations et les restitue avec des biais mais la grille de lecture n'est disponible qu'aux membres du groupe.

Ces hommes et ces femmes ne savaient, au début du 19ème siècle, ni lire ni écrire, la transmission du codage de compréhension était donc importante, codage de signes, de certitudes, de flous, de non-dits, de soupire, de pleurs.

Les témoignages valident les propos et consolident le groupe.

A un moment il y a un changement. Quel a été l'élément déclencheur, l'intervention ou l'ensemble de démarches qui a déclenché un changement individuel. Est-ce par décision du groupe, sous par exemple la pression de situations économiques, que l'un des membres a décidé de migrer puis de se fixer ?

L'arbre était « modeste » du point de vue social, rien qui puisse redorer le « blason » ou satisfaire à un certain mythe familial. Le fait marquant de cet arbre au sens le plus large serait le mot absence : les hommes étaient absents longtemps et peut-être était-ce la cause de leur mort anticipée. Et en absence des hommes, les femmes avaient acquis une certaine autonomie.

Pour l'instant, suivons le petit Mathieu

Jusqu'à l'age de 2 ans, les jours passèrent liant les veilles aux lendemains sans qu'il en reste le moindre souvenir, ni d'état d'âme sur les difficultés rencontrées. Il jouait dans cette pièce carrée avec le foyer comme élément principal, encombrée d'une grande table pour au moins douze personnes. Il se cachait dans la provision de bois, dans le placard où l'on rangeait le matériel de cuisine ou allait se cacher dans l'armoire unique où l'on rangeait les vêtements et les draps. L'armoire faisait partie de la dot de sa mère et avait été réalisée par le grand-père à partir d'un noyer coupé près de l'étang à quelques centaines de mètres en direction du village de Biollet.

Il passe ses plus jeunes années auprès de ses frères et sœurs, jouant avec les enfants des autres familles du hameau. Les parents sont accaparés par les travaux de la ferme au rythme des saisons. L'amour et la tendresse ne sont pas une priorité, les difficultés forgent le caractère dit-on. Pourtant jusqu'à l'age de ses deux ans, sa mère venait s'asseoir au chevet de son lit et lui parlait jusqu'au moment où le sommeil le gagnait.
Après cet age, un autre enfant profitât de ces moments privilégiés.

Les hivers se sont enchaînés dans la rudesse.

Les soirées d'hiver étaient longues et froides. On devait économiser le feu et encore plus les bougies. Quand les hivers duraient trop longtemps, les gens faisaient usage du feu le plus brièvement possible. La plupart du temps tout le monde se rassemblait dans les granges ou mieux dans les écuries où la chaleur des animaux importait plus que l'odeur du fumier.

Après la soupe on se dépêchait d'aller se blottir sur une paillasse ou dans tout autre endroit du moment que l'on y trouve de la chaleur.

Les voisins et les amis, de trois ou cinq familles, se réunissaient 2 à 3 fois par semaine. On changeait de maison par roulement, on économisait ainsi le bois de chauffage et l'éclairage.

Les veillées débutaient lorsque les travaux d'automne étaient terminés, parfois à la Toussaint ou à la Saint Martin et se terminaient en mars ou dès le début des semailles.

On chantait en allant ou revenant des veillées pour effrayer les esprits. Les gens cédaient à la peur de la nuit les superstitions avaient la vie dure. Pour les enfants l'obscurité était effrayante. Les sorciers, leurs formules ésotériques et leurs incantations avaient toutes leur place dans cette société fermée. Les prêtres étaient encore plus puissants peut-être par ce qu'ils possédaient le Livre, on attribuait au prêtre la sagesse, il connaissait tout sur tout le monde.

Les gens ne rêvaient pas en regardant le feu, ils en profitaient pour faire divers travaux ; les femmes filaient ou brodaient, les hommes réparaient leurs outils, teillaient le chanvre, tressaient des paniers.
Tous dénoyautaient les fruits, blanchissaient les châtaignes, pelaient les pommes de terre pour la préparation du breuvage local.
Mais ces soirées étaient aussi consacrées à l'amusement et à la danse, composantes importantes et qui créaient des liens au sein du hameau ou du village. On pouvait ainsi se courtiser et flirter. On dansait au son d'une vielle ou de la voix d'un chanteur.

Ces veillées étaient aussi didactiques. Il n'y avait pas d'écoles et l'enseignement ou plutôt le savoir des anciens passait par ces veillées. On y apprenait les techniques traditionnelles, on y apprenait la sagesse. L'Histoire était omniprésente. La transmission du passé était assurée, on parlait des Princes et des Roi comme on parlait des loups.

La culture orale se perpétuait par les contes, plus ou moins arrangés, par les légendes.

Les femmes transmettaient leurs savoirs aux jeunes filles sur la nature et la vie. Ces écoles improvisées transmettaient les idées à grand renfort de phrases toutes faites, de proverbes, de chansons.

Ces réunions engageaient des réflexions publiques, chacun évoquant son expérience et sa vision des choses.

Ces veillées disparurent à la fin du 19ème siècle du fait de la généralisation de l'école, du progrès industriel, de la migration des population provisoire ou définitive. La disparition des travaux comme le filage, le décorticage, le tressage mit fin progressivement et définitivement à ces veillées que seules les personnes âgées fréquentaient à la fin du 19ème siècle. L'équilibre des classes d'âge se rompit.

Les vieux contes étaient remplacés par les histoires tirées des livres d'école. Les maîtres d'école n'aimaient pas ces veillées considérant que leur influence était pernicieuse, que le langage tenu était grossier, vulgaire, qu'on y entendait des histoires grivoises. Les prêtres non plus n'aimaient pas ces veillées car on y observait un relâchement moral du à la promiscuité des deux sexes. Ce qui est certain c'est que l'esprit savant ne brillait pas dans les campagnes mais ces réunions assuraient la continuité d'un peuple.

Mathieu, petit, aimait ces contes qui lui faisaient peur.

« Il était une fois dans les marmites de la rivière Sioule, une ogresse qui se baignait dans du sang de nouveau-nés pour conserver jeunesse et beauté. Non loin de là, au fin fond d'un bois profond, le loup de Bascobert[4] et dame Croque-mitaine tuaient le temps en jouant aux osselets avec les restes des petits enfants ».

Dans son pays des Combrailles, au nord-ouest du Puy-de-Dôme, d'antiques fées hantaient les forêts, les cours d'eau, les rochers. Ici les collines ondulent langoureusement, entre bocages et pâturages,

---

4   Bascobert est légèrement au nord de Biollet

déchiquetées çà et là de failles profondes et mystérieuses. Tout au fond de la vallée serpente la Sioule[5], ponctuée de cuviers, ces trous d'eau creusés par le courant.

Le territoire où vit Mathieu est assez reculé si bien que les légendes perdurent d'autant qu'elles trouvent leurs origines dans ces vallons étroits et lugubres, propices aux songes et aux angoisses. La région est boisée et sauvage, occupée par des forêts de feuillus et de conifères. Ceux qui s'y aventurent et se perdent à la tombée de la nuit reviennent effrayés.

«Un jour, il y a très longtemps, une petite fille est partie voir sa famille. Elle est passée par le bois. On ne l'a jamais revue. Dévorée par le loup. On a juste retrouvé ses ossements et son panier ». Ce genre de récit fait peur aux enfants et les empêchent de trop s'éloigner du village.

Transmises de génération en génération, ces histoires sont à mi-chemin entre fabulation et réalité.

L'histoire du loup de Bascobert a été maint et maint fois répétée lors des veillées. Pourtant l'explication est simple. Les cuviers de la Sioule se tachent d'éclaboussures rouge sang sous l'effet d'une micro-algue. L'imagination des hommes a créé le reste : *une ogresse assoiffée de sang. Tantôt châtelaine dépravée, cruelle princesse originaire d'une contrée lointaine, ou bien lépreuse tellement affreuse qu'elle en devient monstrueuse.*

A cette époque, le seigneur était mauvais avec les paysans. Sa femme menait le domaine à la baguette. Une sorte de matrone. Les villageois ressentaient une telle haine. Ils lui imputaient n'importe quel phénomène.

---

5   Il y a maintenant un barrage au niveau d'un lieu-dit du nom de Chez Saby proche des Ancizes-Comps, créant un grand lac

Ces histoires sont en fait très anciennes et ont été récupérées par l'Église. Les moines sont venus évangéliser la population. Ils se sont installés près des anciens lieux de culte et les ont détournés. Il fallait asseoir la religion dans des pays très proches de la nature, pétris de vieilles croyances en lien avec l'eau, la terre, le feu.

Avec le temps, ces anciens récits sont devenus religieusement corrects. L'ogresse de la Sioule finit par se repentir. A la recherche du pardon, elle couvre les alentours de ses bonnes œuvres. Dans les gorges de Chouvigny, le rocher du Bon-Saint s'est également adapté à l'histoire. Dessiné dans la montagne, un visage viril aux formes rocailleuses, un nez abrupt, deux yeux caverneux. Baptisé Bon-Saint par l'Église, le caillou serait en fait une offrande à la rivière Sioule et au dieu celtique, Taranis. Chaos granitique, ces pierres à légendes sont nombreuses dans les Combrailles.

Mathieu la journée en regardant les nuages dans le ciel, rêvait et créait son propre mirage.

Comment s'habillait Mathieu ?

Mathieu a connu ou plutôt vu la mode vestimentaire des Auvergnats de la région des Combrailles. Il a vu ces gens vêtus d'une large casaque de serge blanche qui descend jusqu'à mi-cuisse et qui est plissée au dessus de la taille. Cette casaque est toujours ouverte par devant et laisse apercevoir la veste de même étoffe à gros boutons blancs. Sur l'abdomen brille une large boucle de cuivre. Leur haut de chausse est fixé au dessus du genou. Les jambes sont resserrées dans des guêtres. Ils portent des cheveux longs et pendants ; chez quelques-uns ils sont bouclés. Ils ont le chapeau rond à larges ailes, moins larges cependant que dans les régions de Pionsat et Saint-Gervais où elles atteignent des dimensions imposantes.

Les femmes portent de larges robes de laine bleue ; elles ont grand soin de les retrousser par derrière pour montrer le rebord inférieur toujours doublé. Les manches ne dépassent guère le coude. La robe est ouverte sur la poitrine et laisse apercevoir une chemise bien rousse. La coiffure est un bonnet blanc bien plat, duquel dépendent deux larges bandes de toile fine, flottant sur les épaules. Par dessus leur coiffe, beaucoup de paysannes arborent pour se garantir du soleil, un chapeau de paille garni de velours. Contre la pluie, les femmes se munissent d'un large disque de paille tressée, fixé sur la tête à l'aide d'un ruban noué sous le menton. Quant aux hommes, un ample tissu de laine grise qu'ils serrent au cou à l'aide d'une ficelle et qui descend jusqu'aux talons, enveloppant tout le corps, leur sert de manteau.

Puis les gens se sont mis à voyager, à fréquenter d'autres coutumes, si bien que les vêtements sont devenus plus simples perdant en spécificité.

Jeune, Mathieu marchait pieds nus et portait les habits de son frère, eux-mêmes issus de découpes d'autres vêtements. Mais ses vêtements furent spécifiques à son travail et fonctionnels.

En voyageant il ne chercha pas à se distinguer par ses vêtements tout en gardant certaines particularités de manière à bien signifier son appartenance à une région.

Mathieu était en bonne santé laissant deviner une apparence future robuste comme tous les hommes de cette région, du moins à cette époque car quelques années plus tard la constitution de ces hommes s'est affaiblie.

La nourriture restait simple. Elle consistait principalement en pain de seigle. On mange de la soupe, souvent une bouillie faite avec de la farine de seigle délayée dans du lait et cuite dans la poêle en forme d'omelette.

On boit de l'eau, du vin et quelques fois du petit lait. Dans certaines maisons on mange du lard le dimanche et plus rarement de la viande. Les fruits des bois et des champs suffisaient au dessert.

Certains hivers du milieu du 19ème siècle furent très rigoureux.

Ainsi l'hiver 1822-1823[6], les parents de Mathieu se sont mariés deux ans plus tard mais dans la région il y eut peu de naissances à cette époque tant les conditions furent rudes.

L'hiver 1829-1830 fut encore plus rigoureux et l'un des plus intense du siècle après peut-être celui de 1879-1880. L'hiver 1829-1830 débuta dès la mi-novembre dans toute l'Europe et se prolongea jusqu'à la fin de février, marqué, même dans le sud de la France, par d'abondantes chutes de neige. On raconte que de nombreux voituriers

---

6   Guerres d'indépendance en Amérique du sud,
    Expédition d'Espagne et rétablissement du Roi Ferdinand VII
    Joseph Sève (Soliman Pacha), chargé par Mohamed-Ali de créer une armée
nationale égyptienne

disparurent dans une neige dont l'épaisseur par endroit dépassait 2 mètres. Cette neige préserva les récoltes dans tous les endroits où elle resta sur le sol, mais partout où elle fut balayée par le vent, les céréales furent gelées. Les oliviers, châtaigniers, mûriers et vignes périrent en grand nombre. La totalité des fleuves et rivières de la France fut entièrement prise.

Une sœur de Mathieu, Catherine est née le 20 février 1830, elle ne survivra pas à l'hiver. A cette époque les parents de Mathieu n'avait qu'un enfant, Gervais, né moins de deux ans plus tôt. Il survécut, mais mourut 39 ans plus tard, 2 mois après la naissance de son fils autre Gervais. Les naissances et les morts donnaient le tempo dans les villages, les cloches au lointain se chargeaient de le rappeler.

En 1831, on ouvre la première ligne de chemin de fer français Saint-Etienne-Lyon
En décembre 1831, après la révolte des canuts, Lyon est reprise

En Combrailles, l'éloignement géographique se traduit par un détachement politique pour les affaires de la nation.

Juin 1832 : insurrection républicaine. Elle a pour origine une tentative des Républicains de renverser la monarchie de Juillet, deux semaines après le décès du président du Conseil, Casimir Périer, emporté par une épidémie de choléra le 16 mai 1832

28 juin 1833 : loi Guizot sur l'enseignement primaire avec la création d'un enseignement primaire public (chaque département doit entretenir une école normale d'instituteurs, chaque commune doit entretenir une école primaire, soit en en créant, soit en en subventionnant une), liberté de l'enseignement primaire. *« L'instruction primaire comprend nécessairement l'instruction morale et religieuse, la lecture, l'écriture, les éléments de la langue française et du calcul, le système légal des poids et mesures*

1834 : mort du Marquis de La Fayette
1834 : insurrection à Lyon. Pour enrayer une surchauffe de la production, des baisses de salaire sont décidées dans le textile, qui entraînent des grèves et des révoltes des ouvriers que les républicains (Société des droits de l'homme) attisent et tentent de récupérer à leur profit. Thiers abandonne la ville aux insurgés puis la reprend le 13 avril. L'insurrection s'étend dans diverses villes de province (Arbois, Épinal, Lunéville, Châlon, Grenoble, Vienne, Clermont-Ferrand, Marseille, Toulon…), notamment à Saint-Étienne, puis à Paris, où les autorités procèdent à des arrestations préventives pour étouffer tout mouvement similaire.
1834 Le choléra tue plus de 2 % de la population de Marseille.

1834, rappelons-nous, c'est l'année de la naissance de Mathieu...

1835 Réforme de l'orthographe française de 1835, imposant les **t** aux pluriels dans les mots tels que "enfants" ; mais aussi le changement, dans la conjugaison, de la syllabe "oi" en "ai"

L'été 1835[7] fut par caniculaire ; situation non sans conséquences sur les récoltes.

---

7   Thiers ministre des Affaires Intérieures, Guizot de l'Instruction Publique
    28 juillet : attentat de Fieschi, républicain Corse, contre Louis-Philippe

Le 24 juillet 1836 Mathieu assiste à la naissance de sa sœur Marie
L'été était frais après un printemps pluvieux.

Mathieu n'avait pas vu le changement physique de sa mère ; Celle-ci n'avait rien changé à ses habitudes jusqu'au dernier moment. C'est à peu près à cette date que se fixèrent ses premiers souvenirs. Il avait un grand besoin de consolation mais sa mère était absorbée par la petite créature qui occupait maintenant ce berceau en bois qui ressemblait à un cercueil. Fort heureusement dans cette famille, contrairement à la situation de l'époque en France, la mortalité enfantine était assez faible.

Ses pleurs cessèrent quand il s'aperçut que ça ne servait à rien. La pratique du baiser maternel et a fortiori paternel était réduite à un plus simple échange. Dans les campagnes les démonstrations affectueuses étaient bannies. La pudeur était à ce point rigoureuse. C'est à peu près à cet âge qu'il fit la connaissance d'un homme, son père. Son champ de vision commençait à s'élargir.

Les pleurs de la petite Marie remplissait l'espace. On lui confia son premier travail, celui de balancer le berceau régulièrement et doucement pour faire dormir Marie. Il s'acquittait de cette tâche sans trop d'enthousiasme.

Lors de l'hiver 1837, Mathieu avait 3 ans. L'hiver fut encore rigoureux dès la mi-janvier au point de geler des fleuves comme la Seine et le Rhône pendant 3 semaines du 18 janvier au 8 février. Les enfants restaient confinés dans la pièce de la maison la plus chaude, la salle commune qui sert à la fois de cuisine, de salle à manger et de chambre pour les adultes avec des lits clos alors qu'à l'étage c'est la chambre commune où dorment les enfants. Mais les enfants préféraient aller s'amuser avec les bêtes dans les bâtiments d'exploitation qui prolongent la zone d'habitation avec l'étable pour les bêtes, la grange où sont stockés les récoltes et le matériel nécessaire aux travaux agricoles. La température y était encore clémente. Seule difficulté, le four à pain qui permet de cuire les tourtes de seigle est assez loin de la maison.

En 1837, une loi fait du système métrique le seul système légal. Elle fut appliquée dès 1840, mais il fallut plusieurs décennies pour que les anciennes pratiques soient abandonnées. Dans les campagnes, l'homogénéisation a progressé à pas de tortue.

Le litre rivalisa avec le demi-setier, les kilomètres avec les lieues, les paysans comptaient en pistoles, en louis, en écus plutôt qu'en francs pourtant monnaie stable. Pour compliquer les choses les types de pièces pour une même valeur pouvaient être différents d'un endroit à un autre. Ainsi une grande quantité d'argent « étranger » circulait car le franc était rare et l'argent lui-même était peu familier dans les campagnes. Un métayer payé en nature avait peu de liquidité et pour lui « un sou est un sou ».

La vie en autarcie avec un système où le troc était roi expliquait cette situation.

L'argent avait son coté pervers, ainsi les usuriers étranglèrent financièrement les paysans pour plusieurs générations, c'est pourquoi la révolte contre l'usure fut l'un des grands sujets des années 1848-1852. La plupart des prêteurs étaient des gens du lieu. Ils étaient notables, hobereaux, fermiers aisés, meuniers, aubergistes, artisans, notaires parfois des prêtres. Tous ne pratiquaient pas des taux usuraires élevés mais pour certains ces taux étaient importants. Pour les maçons par exemple, il fallait acheter des outils, pour les agriculteurs qui mariaient une fille il fallait constituer une dot, acheter des terres, des outils, se rendre aux foires.

Le 20 avril 1838 Mathieu assiste à la naissance d'une autre sœur prénommée Marie. Cet événement ne retient pas son attention.
Ce mois fut froid, humide, la grêle et la neige marquèrent leur présence.

Mathieu avait 4 ans. Seul le changement d'atmosphère l'avait intrigué, comme la présence de gens, de voisins, de nouveaux cris.
Mathieu venait de revêtir des culottes courtes et d'un paletot trop grand en prévision des prochaines années. Lui préférait jouer avec les chiens du hameau ou au grenier, pièce peut-être la plus chaude de la maison.

Lors de l'hiver 1840-1841, Mathieu avait 6 ou 7 ans, il y eut deux périodes de fortes gelées : du début de décembre à la mi-janvier et du 1er au 15 février. La Seine fut prise dès le 16 décembre à Paris et à Rouen, et la Loire dès le 19 décembre.
Le 15 décembre 1840, jour du retour à Paris des cendres de Napoléon Ier, de nombreuses personnes furent victimes du froid. Le même jour, trois convois du chemin de fer durent s'arrêter, l'eau s'étant congelée dans les locomotives.
Dans les villages l'entre-aide s'organisait, la neige était abondante et Mathieu vivait pleinement cet instant, s'amusant avec les enfants du hameau. Il rentrait les pieds et les mains gelés, le nez et les oreilles d'un rouge vif mais les yeux pétillants. Il allait se blottir près du "Cantou", cette énorme cheminée qui occupe presque la totalité d'un mur de la pièce avec cette armoire de pierre à sa droite. Le passage par la souillarde, au nord de la pièce, avec son évier en pierre qui s'évacue directement dehors par un trou dans le mur était obligatoire.
Il regarde avec envie les lits wagons, ces lits clos en enfilade qui occupent tout un mur d'une pièce, où il aurait aimé se réfugier bien au chaud. Il allait naturellement s'asseoir près de sa mère, qui après son travail quotidien, faisaient des rubans de dentelles qu'elles vendraient au printemps pour rapporter un peu d'argent au ménage.

L'été 1842 fut encore caniculaire[8]. C'est au mois d'août, le 24, que naquit Jacques, qui plus tard deviendra aussi maçon.

Mathieu avait 8 ans. Son horizon s'était agrandi à l'espace du hameau de La Brousse et il rendait fréquemment visite aux voisins. Ses vêtements pourtant calculés pour durer longtemps furent rapidement fatigués. Ses parents avaient d'autres soucis, cela attendra.

Il parcourait les chemins pierreux qui lui faisaient mal aux pieds, ce laissait glisser dans les ravins où il trouvait de la fraîcheur, relevait les traces d'empreintes d'animaux, se cachait dans la forêt de pins.

Il rentrait toujours avant la tombée du jour. La peur du loup était très présente. La nuit on entendait des hurlements, cette présence était inquiétante. En hiver certains chemins étaient interdits. Les gens craignaient la rage. Quand la nouvelle se répandait qu'il y avait un chien fou, la peur se rependait rapidement car les chiens des fermes étaient eux-mêmes à moitié sauvages et un chien enragé pouvait mordre plusieurs personnes avant d'être abattu.

La journée il travaillait à la ferme, gardait les poules et les moutons, allait chercher de l'eau ou du bois.

Quatre jours après la naissance de son frère Jacques, Mathieu assista au mariage précoce à l'age de 20 ans de son cousin André fils de Gervais, avec Marie Louis. On était toujours dans l'esprit des mariages de clans. *La solidarité familiale reposait rarement sur l'affection mais sur la nécessité, le travail. La ferme assujettissait ses occupants au passé et à l'obligation d'assurer sa subsistance.*

Cette fin de mois fut un peu mouvementée pour Mathieu mais il fut néanmoins heureux d'être un peu oublié des adultes.

8: 8 mai : un accident de chemin de fer sur la ligne Paris - Versailles fait 52 victimes, dont l'explorateur Dumont d'Urville et sa famille
13 juillet : mort du duc d'Orléans dans un accident de voiture
9 septembre : Dupetit-Thouars place Tahiti sous protectorat français
31 mars : le ministre des Affaires Étrangères français François Guizot énonce devant la Chambre la « politique des points d'appuis » en Afrique

L'hiver 1844-1845 fut extraordinairement neigeux. Les routes étaient encombrées par la neige et les fleuves charrièrent des glaçons.

Mathieu allait avoir 11 ans. A cet age les enfants aident aux travaux agricoles. Pourtant cet hiver il aimait se rendre avec son frère Gervais, à l'étang de Cheix distant de 1 ou 2 kilomètres de son hameau. Sur le trajet il devait passer par le hameau de Condobeix.
Là ils allaient rejoindre deux cousins, Henri 13 ans, et Gervais 19 ans. Ils étaient d'une fratrie de 10 enfants ; le père Marien, marié avec Marie Lamandon était l'un des frères d'Annet (père de Mathieu). Ainsi cette petite troupe allait sous la responsabilité de Gervais le plus âgé, faire des glissades sur le lac gelé ou pêcher en perçant un trou dans la glace. Pour Mathieu ces instants représentaient des périodes de joie intense. Le lieu était magnifique, sauvage. Durant les étés suivants ils allèrent souvent se baigner dans les eaux chaudes de ce lac lorsque les travaux de la ferme demandaient moins de présence.
Mathieu se souvenait du mécontentement des hommes du villages. En 1844 fut en effet créer le permis de chasse. Très impopulaire parce que non seulement ce permis privilégiait la noblesse et la bourgeoisie et frappait les droits des paysans, droits acquits lors de la Révolution.

1845 fut une année importante pour Mathieu car sa famille fut invité au hameau de Puy-Pelat, non loin de La Brousse, au mariage d'un lointain cousin Gervais, de 15 ans son aîné, avec Marie Grand.
C'est à cette occasion qu'il fut décidé que Mathieu se formera au métier de maçon avec Gervais comme tuteur. Gervais partait de longs mois faire des chantiers hors de la région et notamment à Fleurie dans le Beaujolais où d'ailleurs il décéda le 28 octobre 1886, 12 ans avant le décès de Mathieu. Deux ans après ce mariage sa femme mourut en couche. Il se remaria quatre ans plus tard le 11 février 1851 avec Anne Lecuyer avec qui il eut quatre enfants dont l'un, Jean né en 1859, partit à Fleurie dans le Rhône plus tard en tant que

maçon.

L'été 1846[9] fut caniculaire après un hiver extrêmement doux et un printemps plutôt humide.

Mathieu avait 12 ans et travaillait à la ferme mais aussi entamait son apprentissage comme aide maçon. Il fallait partir tôt le matin, marcher longtemps pour se rendre sur le chantier. Le repas était modeste.
Les sources en chemin laissaient passer simplement un mince filet d'eau.

Mathieu aimait se rendre au bord de la rivière La Coli qui bordait la route qui reliait Saint Priest des Champs et Biollet. Là, à l'ombre des arbres, il s'amusait à réaliser des moulins, à faire des cascades avec des pierres ou simplement à rêvasser ; il passait des heures à écouter les oiseaux, à suivre les insectes, à observer l'ombre des poissons qui jouaient avec le courant, à identifier les empreintes d'animaux.

A la campagne, personne n'est fainéant, très tôt on met une faucille à la main des enfants pour couper le blé noir ; ce travail tient le dos courbé toute la journée. Le soir tout le monde est exténué.
Mathieu avait commencé sa vie d'homme de labeur mais il voulait que ces instants de bonheur simple s'imprègnent dans sa mémoire pour adoucir des années qui seront nécessairement plus noires.

C'est lors d'une de ses escapades au bord de cette rivière qu'il rencontra Jean Saby, cultivateur à La Roche. Jean avait 33 ans, était

---

9 : 25 mai 1846 Louis-Napoléon Bonaparte s'évade du fort de Ham (Somme), déguisé en ouvrier, avec les habits du maçon Badinguet
1846 : mort à Livourne de Louis Bonaparte, ex-roi de Hollande, frère de Napoléon, père légal du futur Napoléon III.
1846 : les Etats-Unis déclare la guerre au Mexique et occupe la Californie
Eté 1846 : Sécheresse excessive en Europe : Emmanuel Le Roy Ladurie, *Histoire humaine et comparée du climat : Disettes et révolutions 1740-1860*, vol. 2, Fayard, 2006 (ISBN 9782213640181)

marié depuis 3 ans avec Marguerite Tardif et avait deux filles Françoise 2 ans et Marie qui venait de naître en juin. Jean expliqua à Mathieu qu'il y avait une autre souche du même patronyme qui s'était développée à la gauche de l'axe qui relie St Priest des Champs à Biollet à seulement quelques kilomètres, deux ou trois kilomètres, pas plus, de la rivière La Coli.

L'histoire des familles était en général transmise par les femmes, elles-mêmes possédant une mémoire remarquable pour se rappeler ainsi des noms, des dates et des événements.
Les connaissances de Jean venaient donc de ces femmes, connaissances diffusées lors des veillées.

Mathieu suivit Jean, un jour de fin d'été de cette année 1846, vers le hameau de La Roche, empruntant un chemin agréable et ombragé, serpentant parmi les genêts, les bouleaux, et les genévriers. Le temps était lourd, de fortes pluies s'annonçaient et Jean craignait pour ses récoltes.
Au bout de quelques centaines de mètres ils arrivèrent à l'entrée d'un petit hameau du nom de Chez Saby.
Il y avait 4 familles de cultivateurs aisés, des grands fermiers avec de la main-d'œuvre employée. Il y avait Michel Sagoin et sa femme Marie Berthin et leurs 4 enfants, Pierre Jouhet, sa femme Marie et leurs 4 enfants, Marie Bérard était leur domestique, Jean Chefdeville, Antoinette Saby sa femme, 3 enfants et 2 domestiques, Jean Basglon, Jeanne Demoulin sa femme, 2 enfants et une servante dénommée Anne.
Jean expliqua à Mathieu l'histoire de ce hameau qui portait son nom.

Notre patronyme a donné son nom à plusieurs toponymes dans la région puisqu'il y a aussi un autre hameau du nom de Chez Saby vers les Ancizes-Comps à environ vingt kilomètres d'ici.
L'implantation de cette famille sur cette terre est ancienne, à une époque où des hommes s'infiltrèrent dans des régions éloignées des

agglomérations, un peu à l'écart des grands axes de circulation[10]. Ces petites bourgades avaient des fonctions paroissiales et possédaient des églises, des monastères, des prieurés, des abbayes.

Puis après ces vici, viennent les établissements agricoles proprement dits. Ce fut le cas pour les hameaux de Chez Saby et de La Roche un peu plus loin. La casa serait donc le manoir, la maison du maître avec cour, jardins, parfois des terres de labour, le tout également inscrit dans un enclos. Les textes désignent la curtis par le nom de son propriétaire.

Ces terres appartiennent au Comte Gilbert de Servières du Teilhot[11], écuyer, seigneur en partie de Couronnet, fils de Jean de Servières « chevalier seigneur du Teilhot, Chez-Saby, la Vedrine, de La Roche et autres places » et de Françoise-Antoinette de Beaufranchet.

Il est décédé depuis peu en 1825, à l'age de 93 ans. Il fut maire de la commune de Saint Priest des Champs du 19 septembre 1819 jusqu'à sa mort.

Il possédait la réserve appelée du Teilhot constituée d'une maison, verger, chènevières, prés, étang, bois, évaluée en capital à 22.104 livres et d'un revenu de 954 livres ; le domaine proprement dit du Teilhot comportant environ 35 arpents de terre, évalué à 20.910 livres et 955 livres de revenu ; et un domaine, appelé domaine Saby comportant environ 61 arpents de terre évalué à 19.820 livres et 800 livres en revenu ; un autre domaine à Glenat 'Commune d'Artonne, canton d'Aigueperse) estimé à 38.287 livres 10 sols.

La famille de Servières, originaire du Limousin, possédait ces terres depuis 3 siècles.

Jean informa Mathieu, que Jean[12] « Marien de Servières » seigneur du Couronnet fut le parrain de Françoise Saby née en 1699 et fille de Marien Saby et Michelle Demoulin (leurs ancêtres directs), habitant au hameau de La Roche. La grande particularité c'est qu'il donna à cette enfant sa particule (Françoise de Saby).

---

10 Voir annexes
11 Voir annexes
12 Voir Annexe

Jean et Mathieu poursuivent le chemin sur quelques centaines de mètres pour arriver sur les hauteurs de ces collines au hameau de La Roche.

Dix maisons occupaient en 1846 ce hameau où l'on dénombrait 52 personnes.

Il y avait 8 familles d'agriculteurs fortement enracinées dans ces lieux comme Demoulin, Saby, Chefdeville, Perol et 3 familles de maçons.

Ainsi Jean Saby qui accompagnait Mathieu était agriculteur et marié avec Marguerite Tardif, ils avaient une fille et employaient une domestique Marie Barse.

Guillaume Saby, cultivateur était marié avec Marie Mazeron et ils avaient un fils. La mère Françoise Chaffrex ; veuve de Marien depuis 11 ans vivait avec eux ainsi qu'une domestique Jeanne Jouhet.

Jean et Guillaume étaient frères, l'une de leur sœur Antoinette était mariée avec Amable Chefdeville et vivait au hameau de Chez Saby.

Joseph Demoulin était cultivateur, marié avec Marie Tixier. Il avaient une fille Françoise et un fils marié avec Marie Barterre et deux enfants complétaient la famille.

Jean Demoulin cultivateur était marié avec Catherine Pérol et ils avaient quatre enfants.

Jean Denis, cultivateur était marié avec Jeanne Beanne. Leur fils Jean était maçon.

Jean Chefdeville était maçon ; marié avec Marie Denis, ils avaient quatre enfants. Leur oncle Marien Chefdeville, maçon, vivait avec eux.

Antoine Debeau, maçon était marié avec Françoise Denis et avaient quatre enfants.

Marie Perol était cultivatrice. Elle hébergeait son gendre Jean Bourduge, maçon et sa femme Marie Denis.

Jean Chanu, cultivateur était marié avec Marie Perchen et ils avaient quatre enfants.

Jacques Desparen, journalier, était marié avec Michelle Aubignat. Ils hébergeaient leur fils Pierre, maçon et sa femme Marie Bouval. Un deuxième fils complétait la famille.

Ainsi le hameau gardait une incontestable animation.

Jean, qui faisait visiter ces lieux à Mathieu était financièrement aisé et possédait aussi une bonne culture. Il lui expliqua l'histoire du village qui quelques années auparavant avait une certaine notoriété comme en témoignent les grosses bâtisses implantées parmi des masses de granites et à l'ombre de beaux tilleuls.

Dans ce hameau de La Roche il y avait, avant 1789, une chapelle qu'avait fait élever l'abbaye des Bernardines de L'Éclache ; *l'Éclache avait été fondé probablement par Robert III, comte d'Auvergne, vers 1140.* Ce monastère fit de La Roche, le centre de ses propriétés aux environs de Saint-Priest-des-Champs.

Le monastère prélevait, d'abord, un impôt dans la paroisse de Saint-Priest-des-Champs, puis des droits féodaux sur les villages de cette paroisse. L'abbaye possédait aussi une dîme, un étang et quelques prés dans ladite paroisse, le tout affermé, par bail, du 10 mai 1727.

Jean montra à Mathieu l'étang qui existe toujours en direction du hameau Chez Saby ainsi que l'emplacement de l'église qui n'existe plus.

–   « Nos familles se sont séparées il y a plus de 150 ans. A cette époque la famille se composait de deux frères Antoine né en 1678 et Jean né en 1683 et de plusieurs sœurs. Curieusement c'est l'aîné Antoine qui partit du village pour exploiter des terres quelques kilomètres plus loin pour fonder le hameau de La Brousse d'où tu viens et où il mourut assez vieux pour l'époque à 70 ans alors que son frère Jean est décédé à l'age de 50 ans ».

A la fin du 17ème siècle les hivers furent glacials et dans le pays la neige fut très abondante. Une dégradation climatique commence en 1690 et jusqu'en 1710. Toutes ces années sont marquées par des hivers très froids et des étés très pluvieux.

La récolte est médiocre en 1692 et des pluies diluviennes de l'automne détruisent les semailles.

L'hiver de 1692-1693 est particulièrement rigoureux. Le printemps et l'été de 1693 sont bien trop pluvieux et anéantissent le reste des récoltes. En 1694, s'ensuit un été caniculaire, puis un long hiver glacial. D'octobre 1694 à mars 1695 il fait très froid et il tombe beaucoup de neige. C'est pourquoi les deux années 1693 et 1694 ont été marquées par une terrible disette. Les populations meurent de la dysenterie et de la typhoïde.

Cette famine provoquera 1,7 million de morts dans le pays, dont 1 million pour la seule année 1694. Sur paroisse de Saint-Priest-des-Champs, on trouve une nette augmentation des décès pour cette période-là, on compta 41 morts en 1693, 82 en 1694.

Pendant plus de vingt ans les vignes gelèrent. Quand les épidémies de dysenterie se firent moins violentes il y eut dès 1720 les épidémies de peste noire qui envoyèrent beaucoup de gens au cimetière. C'est peut-être pour ces raisons que l'aîné dû partir fonder ailleurs une autre ferme dans un endroit peut-être plus propice, avec des bois, du gibier, la ferme de La Roche ne pouvait nourrir toutes ces bouches. Pendant toutes ces années il y eut peu de naissances viables, les conditions étaient trop difficiles. Marguerite Cartier fut la femme d'Antoine, de cinq ans sa cadette, et Madeleine Gillet, née en 1701 fut la femme de Jean.

- « Je pense que l'on peut remercier ces femmes, dit-il à Mathieu, sans elles nous ne serions pas là à discuter. En tout cas ça ma fait plaisir de rencontrer un lointain cousin. Les temps redeviennent difficiles, la terre ne nous nourrit plus, beaucoup de jeunes partent, la plupart provisoirement mais d'autres définitivement ».

L'année suivante en 1847, Jean amena Mathieu à une fête organisée à Saint Gervais d'Auvergne, à 2 heures de marches du hameau de La Brousse. Un riche propriétaire Louis Bergevin, Président du Tribunal Civil de Blois, président du Conseil Général de Loir-et-Cher, député de Blois, avait agrandi considérablement, en plusieurs étapes, la vieille demeure de la Templerie et en avait fait le Château de St-

Gervais.

Pour son inauguration, en 1847, toute la jeunesse du pays fut invitée à un grand bal au grand émerveillement de Mathieu
Mais l'année suivante, en 1848, des émeutiers venus de Blois mirent à sac et incendièrent en partie ce tout neuf château.

Cette même année de 1847, Mathieu commence à voir partir des hommes[13] des hameaux voisins, des gens qu'il connaissait bien.
Il s'intéresse alors à la destination qu'ils ont prises et il demande à entendre les noms :

Ceux qui partent pour Lyon dans le Rhône sont les plus nombreux :

Roughol Denis, Ouvrier-maçon, 28 ans, le 3 février 1847
Aubignat Jean, Ouvrier-maçon,33 ans, le 16 février 1847
Mazeron Jean, Ouvrier-maçon, le 16 février 1847
Gillet Jean,Ouvrier-maçon, 27 ans, le 16 février 1847
Jouhet Amable, Ouvrier-maçon, 32 ans, le 22 février 1847
Delongvert François ,Ouvrier-maçon, 31 ans, le 23 février 1847
Jouhet Annet,Ouvrier-maçon, le 36 ans, le 7 mars1847
Chanut Jean, Ouvrier-maçon, 30 ans, le 7 mars 1847
Regnat Jean né à Comps, Ouvrier-maçon, 19 ans, le 7 mars1847
Boudol Mathieu, Ouvrier-maçon,24 ans, le 14 mars1847
Favier Mathieu, Ouvrier-maçon,17 ans, le 15 mars1847
Cluzel Jean, Ouvrier-maçon,19 ans, le 21 mars1847
Bellard Michel, Ouvrier-maçon,27 ans, le 25 mars1847
Chaffrex Annet, Ouvrier-maçon,18 ans, le 4 avril1847
Poumerol Jean, Maçon, 21 ans, le 11 avril 1847
Thomas Philibert, Ouvrier-maçon, 37 ans, le 25 avril 1847
Gervais Pérol , ouvrier-maçon qui part le 4 avril 1847, à 18 ans
Jean Dubreuil, ouvrier-maçon, partant le 7 avril 1847 à 23 ans
Jean Chanut, maçon, le 23 mars 1847 à 24 ans
Jean Percher, ouvrier-maçon, le 23 mars 1847, à 19 ans

---

13 h*ttp://saint-priest-des-champs-passionnement.over-blog.com*

Annet Favier, ouvrier-maçon, le 4 avril 1847, à 31 ans
Jean Chaffrex, maçon, le 30 mars 1847 à 27 ans

Puis viennent les hommes qui partent dans les communes autour de Lyon

Lassiouve François, Ouvrier-maçon, 17 ans,le 23 février 1847
Mazeron Jean, Ouvrier-maçon, 22 ans, le 28 février1847
Basterre Marien, Ouvrier-maçon, 25 ans, le 7 mars 1847
Dubreuil François, Ouvrier-maçon, 17 ans, le 9 mars 1847
Tixier Antoine, Ouvrier-maçon, 19 ans, le 23 mars 1847
Desparain Pierre Ouvrier-maçon, 27 ans, le 23 mars 1847
Descoteix Jean, Ouvrier-maçon, 48 ans, le 28 mars 1847
Poumerol Antoine, Ouvrier-maçon, 20 ans, le 29 mars 1847
Lecuyer Amable, ouvrier-maçon, 41 ans, le 1 avril 1847
Arbitre Joseph, Ouvrier-maçon, 33 ans, le 4 avril 1847

On donna à Mathieu les noms de ceux qui sont partis pour Toulon, Roanne, Montbrison, Beaune et environs, Chalon sur Saône, Mâcon, Vienne.

Mais la liste qui l'intéressait c'était celle de ceux qui sont partis sur Beaujeu
Perol Gervais, Ouvrier-maçon,18 ans, le 4 mars 1847
Dubreuil Jean, Ouvrier-maçon, 23 ans, le 7 mars 1847
Chanut Jean, Maçon, 24 ans, le 23 mars 1847
Percher Jean, Ouvrier-maçon, 19 ans, le 23 mars 1847
Favier Annet, Ouvrier-maçon, 31 ans, le 4 avril 1847
Chaffraix Jean, Maçon, 27 ans, le 30 mars 1847

Mathieu connaissait certains d'entre eux, certaines familles avaient croisé la sienne sur plusieurs générations comme Chaffrex, Favier, Pérol, Boudol, Cluzel, Mazeron et autres noms.

Mathieu envisageait de partir dans le Beaujolais avec son cousin dès qu'il aura l'age de 18 ans mais peut-être partira-t-il avant.

Il aura dans peu de temps son livret[14] d'ouvrier maçon. C'était indispensable pour voyager car tout ouvrier voyageant sans livret est réputé vagabond et condamné comme tel. Il ne peut quitter un employeur qu'après que celui-ci eut signé un quitus sur le livret, la signature devant être certifiée par une autorité, et ne peut quitter une commune sans le visa du Maire ou de la Gendarmerie, avec indication du lieu de destination.

Ainsi l'employeur doit inscrire sur le livret la date d'entrée dans l'entreprise puis la date de sortie, et indiquer que l'ouvrier le quitte libre de tout engagement.

Le système de transmission des propriétés explique l'ampleur des migrations qui vont s'accélérer les années suivantes.

Le frère de Mathieu, Gervais resterait s'occuper de l'exploitation agricole. Le patrimoine familial étant considéré comme indivisible, il faut éviter de l'amputer. *Par conséquent, ce bien peut être maintenu dans son intégrité à la seule condition que les enfants d'une même famille renoncent au partage à la mort des parents. L'usage de transmettre la propriété des aïeux à un seul membre de la famille, en général l'aîné, de génération en génération, s'impose progressivement. Le fils avantagé doit donc partir pour plusieurs "campagnes" afin d'indemniser ses frères et sœurs cohéritiers. Chargé de la perpétuation du patrimoine familial, il se livre à l'émigration saisonnière et revient au pays où sont ses biens et ses intérêts. Les frères et sœurs obligés de renoncer au partage sont eux-mêmes fréquemment contraints de se fixer hors du pays, parfois de manière définitive.* C'est ce qui va se passer.

---

14 Rétabli en 1803, il ne fut supprimé qu'en 1890. Voir annexe

Dans cette région des Combrailles comme dans la Creuse et dans le Limousin en général, la très grande majorité des migrants s'adonnent aux métiers du bâtiment (maçon, tailleur de pierres, paveur, charpentier, peintre et couvreur). L'activité ne nécessite pas un long et coûteux apprentissage pour le "goujat" qui gâche le mortier et porte les pierres pour le compte du maître-maçon.

Le corps de métier s'avère très hiérarchisé. Le "garçon maçon" ou goujat gâche le plâtre et le mortier, transportant les moellons pour l'ouvrier maçon. Aguerri, ce dernier travaille aux fondations et érige le gros œuvre. Les plus doués deviennent maître-compagnons et reçoivent les ordres du maître-maçon, un entrepreneur qui distribue le travail et supervise l'avancement des travaux sur le chantier.
Mathieu connaît d'avance qu'elle sera la progression de sa carrière.

Tous ces hommes partent dès la fin de l'hiver aux alentours du 15 mars et reviendront entre le 15 novembre et le 15 décembre, ce rythme est très régulier.
Une fois les hommes adultes partis, il ne reste plus au pays que les vieillards, les femmes et les enfants, contraints de suppléer à l'absence des premiers pour toutes les tâches agricoles, en particulier les travaux les plus durs comme les moissons.

Lorsque le froid rigoureux impose la fermeture des chantiers, les migrants prennent le chemin du retour dans les mêmes conditions qu'à l'aller, nantis toutefois du pécule amassé lors de la campagne.

Les sommes gagnées par les maçons représentent un profit bien supérieur à ce qu'ils auraient obtenu des sols ingrats de l'Auvergne Lors d'une bonne campagne, un travailleur revenu au pays peut s'acquitter de ses créances, payer une partie de la dot d'une fille ou encore investir dans l'achat d'une terre.

Le calendrier imposé par les migrations explique que ce soit l'hiver que se règle la plupart des affaires, l'hiver encore que l'on renouvelle le cheptel par la fréquentation des foires, l'hiver enfin qu'aient lieu les principales festivités : mariages au mois de février, fêtes de familles, bals dans une grange.
Les migrants sont alors l'objet de toutes les sollicitations. Lors des veillées, ils narrent leurs exploits devant un auditoire fasciné suscitant d'autres départs mais omettent de parler de leurs difficultés.
Les structures familiales craquent, les aînés qui représentaient la continuité ne sont plus respectés. Les jeunes qui sont partis ont acquis un savoir et traitent les anciens avec mépris. Les dissensions familiales deviennent plus apparentes, les jeunes étant plus enclins à questionner, à discuter, à se révolter, à adopter des positions politiques que les aînés ne comprennent pas. Les enfants cherchaient à fuir la famille pour retrouver plus de liberté et plus de bien-être. Les jeunes étaient impatients et ne pouvaient plus attendre pour reprendre des terres. Les migrations les avaient émancipés.
La mobilité comptait maintenant plus que la continuité.
Avant cette époque la société rurale était restée stable et homogène pendant des siècle, d'un seul coup elle est ébranlée et soumise à des pression de toutes natures de manière rapide et violente.
Ce monde se fissurait pour laisser entrer la modernité.

1848 : Mathieu a maintenant 14 ans.

Cette année fut froide et pluvieuse avec de la neige tardive au printemps et un été humide. Ce sont des conditions mauvaises quand on fait le métier de maçon exposé aux intempéries.
Une vie laborieuse et difficile avait déjà commencé.
Il débuta à cette date ses journées d'aide-maçon. Il n'avait pas encore d'outils. Ses journées passèrent à brasser des brouettées de sable, de cailloux, à empiler des moellons. Pour varier on lui faisait remonter des murs. Mathieu se levait avant le jour et pouvait faire plusieurs kilomètres pour se rendre à son chantier où l'attendait le maçon.
Dans les faits, il n'y avait rien qui pouvait stimuler son désir de s'instruire et de s'élever socialement. Mais avait-il par ailleurs ce désir ? Sa vision du monde et de la société était à cet âge particulièrement réduite, tout ce qu'il vivait lui semblait normal.
Garçon maçon il gagne 42 sous par jour alors que le maçon gagne trois francs cinquante. Ce n'est pas assez pour vivre mais ça permet d'aider un peu ses parents.

1848 sera l'objet de fiévreuses journées qui conduiront au coup d'état de décembre 1851.
Mathieu, privé d'instruction, était vite devenu assez fataliste, comme tous les ouvriers. Son sort paraissait immuable.

L'année 1848, marquée dans la capitale par la Révolution de Février et par les sanglants affrontements de Juin, fut à St-Gervais d'Auvergne une année assez trouble. Le maire est révoqué par le nouveau Préfet en février, et un pénible conflit l'oppose ensuite au Conseil municipal à propos des deniers publics. Son successeur sera lui-même bientôt remplacé après les élections de fin juillet, mais il aura eu le temps de destituer le garde-champêtre qui *"avait par ses propos .... occasionné des malentendus fâcheux entre le capitaine de la Garde Nationale[15] et l'autorité administrative de la commune"*.

---

15 La Garde Nationale, avec son capitaine et son sergent major, était une unité

Le dimanche 10 juillet fut célébré à l'église de Saint Gervais d'Auvergne, en présence des autorités municipales, un service funèbre pour les victimes des journées de Juin à Paris. On célébra aussi, cette année-là, une fête pour la plantation d'un arbre de la Liberté. La dépense, pour la commune, s'est élevée à 30,75 Fr.

A cette époque les populations des campagnes s'éveillent à la politique nationale mais de façon inégale selon les régions. Car au moins jusqu'en 1880 la politique resta à un stade local dans la France rurale. Par contre la somme des intérêts locaux pouvaient être interprétée comme une politique nationale.

A contrario la politique nationale devint importante quand on s'aperçut que les affaires nationales affectaient les personnes et les régions impliquées comme ce fut la cas en 1847, lorsqu'un problème d'approvisionnement en grains provoqua la disette et que de celle-ci suivirent des jacqueries.

Jusqu'à maintenant pour les gens des campagnes, le gouvernement, son mode de fonctionnement, le nom de ses chefs, les institutions tout cela restait inconnu.

Pour le paysan, le gouvernement était dur envers les petites gens, exigeait des impôts, était tracassier et surtout résidait loin, à Paris. Les milliers de fonctionnaires qui surveillaient les paysans habitaient les villes et avaient droit à recevoir une instruction. La politique était l'affaire des nobles et des bourgeois, les paysans et les ouvriers étaient exclus. Il y avait ceux qui lisaient les journaux et pouvaient ainsi débattre, même maladroitement, et les autres, l'immense majorité qui s'occupent exclusivement de leurs travaux agricoles.

---

armée (et dotée d'un tambour) formée d'hommes de la commune, qui veillait, en ce temps-là, à la sécurité publique.

Échaudés par la création du permis de chasse en 1844, les paysans, craignant le rétablissement des dîmes et des corvées votèrent en masse pour les républicains socialistes en mai 1849[16]. Les nobles avaient laissés trop de mauvais souvenirs, entretenus par les contes populaires qui les décrivaient comme brutaux et sanguinaires.

Comme en général les paysans ne savaient pas lire, ils écoutaient le langage des gens plus instruits et les imitaient. L'opinion dans ces collectivités traditionnelles étaient ainsi fondées sur un consensus global et non de points de vue développés de manière privée. L'opinion était ainsi fondée sur des rapports personnels, modelée par la parole et non pas par l'écrit. De même les intérêts des villes ne pouvaient pas être ceux des campagnes, le patriotisme n'avait pas non plus les intérêts et touchaient les gens différemment.

Les paysans parlaient un patois différents aussi les interprètes joueront-ils un rôle important. On retrouve les gens qui les mettaient en contact avec le monde extérieur comme les aubergistes, les maires, les instituteurs, les curés, les fonctionnaires territoriaux, les gendarmes, mais aussi les postiers, le garde-champêtre, le cantonnier. Ceux qui savaient lire et écrire pouvaient rédiger des notes, retranscrire et diffuser des textes de hameau en hameau, de ferme en ferme.

Les nouvelles de l'extérieur faisaient l'objet de distorsion au fur et à mesure qu'elles étaient diffusées. Le nombre de courriers augmenta, il y avait plus de lettres, plus de postiers et plus d'informations.

La conscription frappa durement les gens des campagnes mais en contre partie les hommes virent d'autres gens, d'autres lieux, apprirent à parler le français, et surtout pour beaucoup notamment dans les zones de montagne comme la Haute-Loire, la santé des hommes s'améliorèrent compte tenu du fait que la nourriture à l'armée était plus abondante, régulière et plus équilibrée.

---

16 Lors des élections de 1849, les démocrates-socialistes remportèrent de grands succès dans les régions rurales les plus pauvres et les plus reculées, dans certains cas leurs majorités furent plus importantes que dans les régions ouvrières

Mathieu à 14 ans, commençant sa vie d'apprenti maçon allait profiter de ce changement d'époque.
Les lointains chantiers allaient lui faire apprendre le français mais malgré tout il ne sut jamais lire et écrire.

Pourtant c'est en 1848 que fut introduit le système anglais du paiement anticipé des lettres avec des timbres. Les lettres ne coûtaient plus que quatre sous. Le trafic postal augmenta un peu mais resta très négligeable dans les campagnes. Dans ces régions il y avait un manque de bureaux de poste, l'habitat était dispersé ce qui rendait la distribution du courrier difficile, les gens étaient pauvres et illettrés Avant le service postal était coûteux et exceptionnel. L'arrivée du postier dans les villages, avec sa blouse aux parements rouges et son sac en bandoulière orné d'un écu de bronze, fascinait tout le monde. La plupart ne recevait qu'une lettre par an, elle coûtait chère au destinataire et était lue à haute voix par le facteur.

L'école

1850, Mathieu a maintenant 16 ans et il travaille depuis 2 ans aidant à la ferme de ses parents et travaillant comme garçon maçon. Il se déplace beaucoup à pied bien sûr par tous les temps.

Les années de 1850 à 1856 furent particulièrement mauvaises, avec des printemps et des automnes très froids et neigeux

Le matin du 2 décembre 1851, Louis-Napoléon Bonaparte édicte six décrets proclamant la dissolution de l'Assemblée nationale, le rétablissement du suffrage universel masculin, la convocation du peuple français à des élections et la préparation d'une nouvelle constitution pour succéder à celle de la Deuxième République. Celle-ci, proclamée en février 1848 a duré moins de quatre ans. Louis-Napoléon Bonaparte, président de la République française depuis trois ans, conserve ainsi le pouvoir à quelques mois de la fin de son mandat, alors que la Constitution de la Deuxième République lui interdisait de se représenter.
Moins d'un an plus tard, le 2 décembre 1852, à la suite d'un plébiscite, le Second Empire est établi, Louis-Napoléon Bonaparte devenant « Napoléon III, empereur des Français ».

Si Mathieu ne savait pas signer son acte de mariage en 1859, ses enfants plus tard savaient lire et écrire correctement (degré d'instruction de niveau 3 à la deuxième moitié du siècle à Beaujeu[17]).

Autrefois il y avait fort peu d'écoles en Combraille auvergnate comme partout ailleurs. Les écoles, confiées à des congrégations

---

17 Beaujeu à cette époque vivait une certaine prospérité économique avec la viticulture, les tanneries, les papeteries entre autres)

religieuses enseignantes étaient fréquentées par des enfants de bourgeois des villes, mais il n'y en avait pas en Combraille. Cependant dans quelques grosses agglomérations il y avait quelques écoles tenues par un prêtre ou par un maître laïque, nommé par le prêtre et sous son autorité. Les fils des paysans aisés, des commerçants, des artisans, y apprenaient d'abord à épeler, puis à lire, écrire au moins son nom, pour signer les actes, un peu à compter pour pouvoir tenir un livre de compte. Pour les filles, savoir lire et écrire n'étaient pas une obligation, sauf pour la noblesse et la haute bourgeoisie[18].

La signature au bas des pages d'actes est un critère de degré d'instruction ; on n'en voit peu à Saint-Gervais mais un peu plus à Pionsat par exemple. La présence de signatures sur un actes de mariage renseigne sur la qualité des personnes invitées à la noce. Les gens éprouvaient une grande fierté à essayer d'apposer leur signature et montrer ainsi leur habileté à tracer, le plus souvent sans les attacher, les lettres de leur nom. Ces actes montrent le degré d'ignorance des campagnes au 18ème et 19ème siècles dans la région des Combrailles.

Quand il y avait une salle faisant office d'école, les enfants avaient un banc pour s'asseoir, une planche, une plume d'oie plus ou moins bien taillée. Le livre, religieux en général, était prêté par l'école.

Les punitions étaient nombreuses, pour les bavardages, passant par le piquet dans le coin, le bonnet d'âne, les coups de baguette, des coups de fouet. Le chauffage était assuré par un feu de cheminée, mais le reste de la salle restait froide et humide. Les enfants s'enveloppaient d'une pèlerine épaisse, les pieds dans des sabots mouillés par le trajet. La rétribution du maître était variable, de 5 sous pour apprendre à lire, 10 sous pour apprendre à lire, écrire et un peu compter, jusqu'à 20 à 30 sous si on inclut l'arithmétique et le latin. Quatre heures de cours par jour (ils commençaient à 7 heures du matin), une quinzaine

---

18   On note cependant des femmes particulièrement éduquées en Lozère au XVIème siècle, mais elles étaient probablement de confession protestante.

de jours de vacances en septembre. De vieilles demoiselles enseignaient aux jeunes filles avant la Révolution. Certains maîtres d'école demandèrent l'autorisation d'enseigner aux filles dans un temps différents et dans une salle différente. L'autorisation n'était pas toujours accordée.

A cette époque il y avait seulement 3 ou 4 écoles pour 40 paroisses entre Cher et Sioule, on ne s'étonne plus après ces constatations qu'en bas des registres notariés ou de catholicité on trouve la phrase « *et qui ont déclaré ne savoir signer ; de ce enquis* ».

Dans cette région il n'y avait en fait qu'une seule école digne de ce nom, c'est celle du collège de Pionsat au nord ouest de Saint Gervais d'Auvergne[19].

Sous l'influence des écrits des philosophes qui ont fini par pénétrer dans les couches peu évoluées des campagnes, sous la pression des événements de la Révolution, grâce aux idées hardies de personnes comme Condorcet, Lakanal, un courant populaire va se produire en faveur de la création d'écoles pour le peuple.

Dès le 26 floréal an II (15 mai 1794), la commune de Saint Priest des Champs prend une délibération pour engager comme instituteur le citoyen Jean Gidel de Pionsat puis la citoyenne Claudine Message pour institutrice.

D'autres communes vont suivre et nommer des gens comme instituteurs. La loi du 27 brumaire an II (17 novembre 1793) avait prévu une école pour 2000 habitants alors les districts s'organisent. Biollet 978 habitants se joint à Villossanges 1097 habitants. Un jury se charge de l'examen des candidats axé sur le civisme et les bonnes mœurs et sur les éléments de la langue française. Remplissant ces critères les candidats ont été élus. Il y a autant d'écoles de garçons que d'écoles de filles. Malgré les bonnes volontés, ces écoles avaient du mal à fonctionner, les maîtres vivaient difficilement de ce métier,

---

19 Bulletin n°12 de l'Association des anciens élèves maîtres de l'Ecole Normale d'instituteurs de Clermont, par M. Bachaud, professeur

et les élèves étaient peu présents. Les instituteurs avec leurs vêtements sombres et usés étaient là pour réconcilier les masses ignorantes avec un monde nouveau, comme les porte-paroles des lumières et du message républicain. Les salles et bâtiments scolaires restaient très souvent dans un état pitoyable. Sombres, humides, bondées, la température des corps servait de moyen de chauffage.

Pendant la première moitié du 19ème siècle l'enseignant pouvait être un soldat à la retraite, un garde-champêtre, le barbier local, l'aubergiste, ou bien le fils un peu plus instruit d'un paysan et bien souvent il ignorait tout de la matière qu'il enseignait.

En 1833, la loi de François Guizot, jette les bases de l'Instruction publique. A cette époque la France avait 31420 écoles, fréquentées par 1,2 millions d'élèves, chiffres plus ou moins crédibles.
En 1848, le nombre des écoles avait doublé et celui des élèves multiplié par trois, à ceux-là s'ajoutent les établissements clandestins, non officiels. Mais il ne faut pas exagérer l'efficacité de l'enseignement, le niveau était très bas dans les campagne.

Mathieu habitant le petit hameau de La Brousse aurait du faire plus d'une heure de trajet à pied pour se rendre à l'école de Biollet. Compte tenu des difficultés économiques de l'époque il était plus urgent de travailler à la ferme et d'essayer de gagner de l'argent par des travaux supplémentaires.

Saint-Gervais d'Auvergne, important village à 2 heures de marche de Saint Priest des Champs, après la Révolution, fut longtemps sans école. On peut remarquer, dans la liste des professions de 1836 (Mathieu avait 2 ans), l'absence d'un instituteur.

Répondant à une enquête préfectorale, en 1832, le Conseil Municipal déclarait que la commune n'avait pas les moyens ni d'avoir une école, ni de payer un maître, mais qu' "*une certaine Anne-Marie Verdier, femme Meunier, ni brevetée, ni autorisée"*, tenait *"une école individuelle et particulière pour les petits enfants de cinq à six ans au plus"*. Il concluait en se déclarant satisfait d'elle *"parce qu'elle garde les petits enfants et qu'elle leur donne un commencement pour la lecture seulement"*.

Mais des habitants se plaignent et voudraient une véritable école à St-Gervais, si bien qu'en 1842 il est question d'acquérir une maison pour cela.

En 1844 se présente un ancien instituteur qui se retire à St-Gervais, Monsieur Badaire, et offre d'accueillir les enfants dans une salle de sa propre maison. Non sans hésitation, le conseil accepte et lui versera un traitement annuel de 200 Fr., plus 40 Fr. d'indemnité pour la salle. A titre de comparaison, on payait alors le garde-champêtre 75 Fr., le secrétaire de mairie et le tambour 15 Fr. chacun. En 1849, on est à nouveau à la recherche d'une maison, le nouvel instituteur n'ayant pas, lui, de local personnel.

On loue une première maison, puis une autre en 1852 *"tout à fait bien située au centre du pays et très convenable à cet usage "*. On finira même par l'acquérir en 1865 : c'est l'ancienne poste.

Rien d'étonnant, dans ces conditions, de voir que nombre de jeunes gens recensés pour le service militaire, dans ces années-là, ne sachent ni lire, ni écrire. Sur la période 1849-1855 on en compte même la moitié dans ce cas : douze sur vingt-quatre, Il arrive même aussi que tel ou tel conseiller municipal soit incapable de signer.

En 1863, un cinquième des enfants entre sept et treize ans n'avait reçu aucune instruction. La loi de 1868 exige que les communes de plus de 500 habitants aient une école de filles avec un certain nombre de dérogations.

Malgré tout l'an-alphabétisation des conscrits se réduisait : la proportion de conscrits sachant lire passa de 14,3% en 1826 à 62% en 1875 en France mais à cette date encore, 800.000 enfants sur un total de 4.5 millions d'âge scolaire ne fréquentaient toujours pas l'école.

Le grand changement vint en 1880 avec les réformes introduites par Jules Ferry aidées par les énormes dépenses du plan Freycinet : des milliers d'écoles sont crées en même temps que les routes, les ponts et les chemins de fer. Mais avant que les instituteurs puissent prendre le rôle de « missionnaires » il faut qu'ils endossent ce rôle : il fallait non seulement créer des écoles normales efficaces mais aussi augmenter de façon très significative leur salaire[20].

Les instituteurs rentraient dans la classe des notables, devenaient souvent secrétaire de mairie, s'occupèrent de l'administration.

L'une des raisons de la lenteur des progrès dans la lutte contre l'analphabétisme était du au fait que de nombreux adultes ne parlaient pas français mais patois (dans les foyers on ne parlait pas français parce que la grand-mère ne le parlait pas) , soit un cinquième de la population[21]. Dans certaines régions le français était enseigné comme une langue étrangère[22].

Le service militaire généralisé contribua à répandre l'usage du français et à rendre son emploi plus familier, les filles ne bénéficièrent pas des apports « civilisateurs » et « linguistiques » du service militaire.

Une autre raison qui faisait que l'école était considérée comme inutile

---

20 Maitre débutant 700 francs par an en 1881, 900 francs entre 1897 et 1905, puis 1100 francs
21 Sept millions et demi de personnes, mais le nombre réel était probablement supérieur
22 "Tour de France" de Bruno 1877

était que l'instituteur enseignait le système métrique alors que les gens parlaient en toises, cordes pouces, qu'il comptait en francs alors que les gens comptaient en louis et écus, le tout dit en patois[23].

A la fin du siècle une autre armée était en train de se développer, c'était celle des employés privés et publics dont l'accès était ouvert par le certificat d'étude primaire, diplôme aussi important sinon plus que la première communion.

La propagande encouragea l'ambition, ainsi beaucoup de paysans voulaient cesser d'être paysans pour vivre quelque chose d'autre.

La bureaucratie d'état accéléra l'éducation des gens car elle n'était plus réservée à une certaine classe de privilégiés. La Troisième République rendit ces postes accessibles aux plus modestes.

Ainsi l'instruction apportait la civilisation, de nouveaux modes de vie car les écoles enseignaient aussi l'ordre, la propreté, l'efficacité, le succès et la culture. Les écoles, grand agent de socialisation, enseignaient aussi de grandes leçons de moralité centrées sur le devoir, l'effort, le sérieux des intentions, les sentiments patriotiques, le patriotisme.

Dès 1880 les classes se couvrirent de cartes de France.

A la fin du siècle on apprenait aux enfants que leur premier devoir était de défendre la patrie, l'armée était valorisée. Les instituteurs implantaient l'amour de la patrie, et parallèlement le provincialisme était combattu.

Nous le verrons plus ces discours ont visiblement convaincus les fils de Jean-Marie, fils de Mathieu.

L'école glorifiait le travail en tant que valeur morale mais ignorait le travail comme forme quotidienne de civilisation, renforçant l'aversion naturelle pour la dure besogne et facilitant ainsi l'émigration vers les villes. Les individus, échappant à l'emprise d'anciennes valeurs, étaient orientés vers d'autres croyances

---

23 Martin Nadaud "Mémoires de Léonard, ancien garçon maçon" 1912

Le 19ème siècle est le siècle d'un changement profond, progressif, total. Il faut prendre en compte ces évolutions dans l'analyse d'un arbre généalogique. On comprend alors pourquoi des gens ont émigré, sont partis à l'armée, on comprend leur souffrance et les interrogations qu'ils ont pu avoir.

Mais les parents de Mathieu ne savaient ni lire et ni écrire le français. Le patois local était leur langue et même au sein d'une même région les gens se différenciaient par leur accent même s'ils employaient le même patois. C'est dans ce cadre que va évoluer Mathieu dans le début de sa vie. Le langage commun est un instrument de communication à l'intérieur d'un groupe, c'est un miroir de son identité. L'accent quant à lui singularise, permet d'établir une connivence avec des personnes avec lesquelles on se reconnaît suffisamment de point commun. Chaque région a ses coquetteries de prononciation qui fait tout son charme. Mais le milieu du 19ème siècle va perturber cet ordre établi depuis des siècles.

Mathieu sera au cœur de ces bouleversements, comment vivra-t-il ces tensions, ce stress, ces traumatismes ?

En migrant temporairement plus tard dans d'autres régions, Mathieu va ouvrir les enceintes d'un jardin secret qu'il partage avec sa communauté.
Un langage et un accent permettent d'intégrer à un groupe mais permettent aussi d'exclure.

Les effets pervers des migrations

Paradoxalement on observe pour cette période un accroissement de la mortalité. Comment l'expliquer ?

Sans doute faute-il tenir compte des microbes rapportés avec l'argent par les migrants temporaires.
Le manque d'hygiène et la mauvaise alimentation étaient aussi une porte ouverte à la maladie. Ainsi les microbes infectieux terrassaient des familles. Mais il est difficile maintenant de connaître ces maladies en dehors des endémies normales de certaines régions, des maladies chroniques et accidentelles que l'on désignaient sous les adjectifs d'aiguës, d'épidémiques.
On peut citer les fièvres intermittentes comme le paludisme, le plasmodium vivax avec accès de fièvre tous les trois jours, le plasmodium malaria, la plasmodium falciparium qui provoque la mort par des embolies de parasites dans les capillaires du poumon, de l'intestin, du foie et du cerveau. La fièvre militaire est une maladie épidémique qui donne une fièvre violente pendant deux à quatre jours mais de morbidité souvent faible ; la fièvre putride appelée maintenant septicémie qui provoque souvent la mort ; la fièvre catarrhale, inflammation de toutes les muqueuses ; ou encore les fièvres tierces, pleurésies, fluxions de poitrine.

Et il faut parler aussi de la petite vérole[24], aujourd'hui variole. Cette maladie est caractérisée par l'apparition sur le visage d'abord, sur le corps ensuite de tâches rouges puis de pustules. Ces cicatrices laissent des marques qui rendaient les gens laids (Mirabeau en est un exemple).
Autrefois cette épidémie entraînait dans la mort de 50 à 75% de ceux

---

24 Toutes les classes de la société étaient concernées par cette maladie

qui en étaient atteints. Lors de la levée de 300 000 hommes en 1793, en Auvergne, seulement 30 à 50% des jeunes recrues de 18 à 25 ans non mariés qui avaient été atteints par la variole avaient été guéris.

Les cantons où on émigre beaucoup comme maçons dans les régions du Lyonnais, ou de la vallée de Saône comptaient beaucoup de jeunes ayant attrapés cette maladie. Cependant les jeunes du canton de Biollet et de Saint Priest des champs où a vécu Mathieu et sa famille ont eu très peu de malades. Preuve peut-être que la bonne hygiène de vie qu'on avait déjà entre-aperçue se confirme.

Mais il n'y a pas que les maladies, il y a aussi les conditions de vie très difficiles : encore au milieu du 19ème siècle les enfants de moins de huit ans, travaillaient entre 15 et 17 heures par jour dans les fabriques, dans les fermes on avait besoin d'eux pour garder les volailles et le bétail.

Ils étaient mis au travail dès l'age de six ou sept en 1860, dès que les garçons étaient vigoureux, ils allaient labourer ou diriger les bêtes de labour, dur travail qui les empêchait de grandir correctement.

Tout ceci se faisait au dépens de l'instruction. Les enfants allaient à l'école en hiver pour se « débarrasser » d'eux car il n'y avait rien à faire.

Les hommes composant la branche qui a migré dans le Beaujolais sont plus grands, de taille supérieure à 1m70, preuve peut-être qu'ils sont mieux nourris ou que l'alimentation dans cette région plus prospère est plus équilibrée.

Quand bien même l'école serait gratuite, il fallait que l'enfant rapporte quelques bénéfices afin de couvrir ses dépenses ou simplement parce que la famille en avait besoin. L'enfant était confronté à la réalité de la vie très tôt.

Notons quand même que les écoles jusqu'aux années 1880 étaient peu nombreuses, pas chauffées, peu équipées, souvent très éloignées des lieux d'habitation, si bien qu'il fallait parfois plusieurs heures à pied pour se rendre dans ce lieu pour seulement 3 ou 4 heures d'enseignement rudimentaire.

Mathieu a 18 ans

1852[25] l'hiver est doux et sec, contrastant avec un été très humide et plutôt froid.

Le Second Empire est instauré en France le 2 décembre 1852, Louis-Napoléon Bonaparte, président de la République française, devient Napoléon III, Empereur des Français.
Le télégraphe optique, dit sémaphore de Chappe, disparaît. Entre 1851 et 1855 tous les sièges préfectoraux sont reliés par des lignes téléphoniques, mais les places moins importantes ne le seront pas avant 1870. Le nombre des bureaux de télégraphe va tripler entre 1880 et la fin du siècle, au fur et à mesure que les chemins de fer s'étendaient.

Mathieu a 18 ans. Il est selon le recensement de 1851 cultivateur et maçon occupé dans une autre commune.
Pour l'instant il migre de façon temporaire pour de longs mois.

La Monarchie de Juillet, devant la crainte d'insurrections, cherche des solutions au chômage avec la mise en place d'une politique de grands travaux comme, à Paris ou dans les grandes villes, la construction de bâtiments, de rues, de statues, de fontaines, de trottoirs, la mise en place de l'eau courante, d'égouts, de parcs, puis plus tard avec la construction d'écoles, de gares, d'ouvrages d'art.
Cette fièvre bâtisseuse va entrainer dans la migration des milliers d'hommes. Le besoin de main-d'oeuvre est alors très important, surtout à Paris.

---

25 14 janvier : nouvelle constitution de la France :
     Louis-Napoléon Bonaparte est prince-président
   Beaucoup de décrets signés portant sur la création de compagnies de chemin de fer
   21 novembre : plébiscite approuvant le rétablissement de l'Empire (7 824 189 voix
     contre 253 145)

Le Limousin, le sud de la Creuse, les Combrailles, fournissent d'importants contingents de maçons depuis plusieurs siècles car les terres sont peu productives. Ces migrations s'accroissent régulièrement au 18ème siècle, avant d'atteindre un maximum au 19ème siècle. A la fin du premier Empire, le préfet estime à 13 000 le nombre des Creusois qui s'en vont chaque année travailler hors du pays. Au cours des décennies suivantes, les migrations se poursuivent. On évalue ainsi à 50 000 le nombre total des migrants limousins à la fin de la Monarchie de Juillet.

L'apogée du mouvement semble se situer à la fin du Second Empire, lorsque les grands travaux effectués dans les villes attirent une très nombreuse main d'œuvre. La guerre de 1870 interrompt un temps les migrations, qui reprennent de plus bel vers 1875, avant que les flux migratoires ne se tarissent progressivement (en 1880 encore, il y a 40 à 45 000 migrants dans la Creuse, soit 15% de la population totale du département).

L'origine des départs réside principalement dans l'insuffisance du pays en ressources agricoles. L'accroissement démographique au cours du 19ème siècle aggrave encore la situation de campagnes désormais surpeuplées. Dans ces conditions, les migrations apportent le complément de ressources indispensable grâce aux gains et aux économies des migrants.

Jusqu'au milieu du 19ème siècle, on observe surtout des migrations temporaires, importantes et régulières par leur rythme. Les maçons partent aux alentours du 15 mars et rentrent entre le 15 novembre et le 15 décembre pour une durée d'au moins 9 mois. Une fois les hommes adultes partis, pratiquement les deux tiers, il ne reste plus au pays que les vieillards, les femmes et les enfants, contraints de suppléer à l'absence des premiers pour toutes les tâches agricoles, en particulier pour les moissons.

Au cours du 19ème siècle, les conditions de voyage se modifient quelque peu. Si certains continuent d'effectuer à pied la totalité du parcours, d'autres empruntent les voitures publiques ou le chemin de fer.

Lorsque le froid rigoureux impose la fermeture des chantiers, les migrants prennent le chemin du retour dans les mêmes conditions qu'à l'aller, nantis toutefois du pécule amassé lors de la campagne. Les sommes gagnées par les maçons représentent un profit bien supérieur à ce qu'ils auraient obtenu dans leur région. Lors d'une bonne campagne, un travailleur revenu au pays peut s'acquitter de ses créances, payer une partie de la dot d'une fille ou encore investir dans l'achat d'une terre.

Les conditions de vie du migrant durant ces quelques mois varient selon la destination et le métier pratiqué. Beaucoup d'apprentis se rendent d'abord dans le Rhône où ils semblent mieux traités que dans la capitale.
Une fois arrivés à bon port, les migrants partent en quête d'un logement, le garnis. C'est ainsi qu'on désigne les chambres où s'entassent 10 ou 12 hommes "où ne logent que des ouvriers de la même profession et qui sont tenues par des entrepreneurs de la même industrie." A Paris, la plupart des pensions ou hôtels meublés se situent dans les vieux quartiers proches de l'Hôtel de ville et autour de la montagne sainte Geneviève.
A Lyon, les maçons occupent d'abord la Part-Dieu, avant de s'installer dans les garnis du quartier de la Guillotière, sur la rive gauche du Rhône[26].
Ces localisations impliquent souvent de très longues marches journalière pour rallier les chantiers, fréquemment situés en banlieue. La sédentarisation familiale et l'extension de la ville conduisent les ouvriers du bâtiment à s'installer de plus en plus en périphérie, plus près des chantiers.

Une fois installés, les maçons s'en vont quérir un travail sur les places d'embauchages. Lors des périodes de crise, les maçons courent de chantier en chantier pour trouver une place, tentant alors de réactiver les solidarités d'origine en s'adressant à leurs anciens

---

26 « Lyon, un chantier limousin » de Jean-Luc de Ochiandano

compatriotes.

Lors des périodes de ralentissement économique, les bâtisseurs sont contraints de chômer et il est fréquent qu'à l'issue de la campagne, ils n'aient pas les fonds nécessaires au retour, qu'ils sont alors obligés d'ajourner.

Le métier en lui-même, fort pénible, nécessite une grande force physique, de l'endurance. Par tous les temps, le maçon porte de lourdes charges et doit se tenir debout toute la journée sur un échafaudage. Les accidents sont d'autant plus fréquents que les entrepreneurs ne prennent guère de précautions.

Au fil du siècle, le séjour à la ville s'allonge au delà d'une campagne. C'est particulièrement vrai des migrants qui pratiquent un métier offrant du travail toute l'année (peintre, tailleur de pierre), mais le phénomène s'observe également pour les métiers saisonniers (maçons ou tuiliers).

On assiste ainsi à une tendance à la fixation dans le pays où on a les intérêts les plus importants, les retours au pays s'espaçant de plus en plus jusqu'à cesser totalement.

Les deux formes de migration, définitive et temporaire, coexistent longtemps sachant que le migrant part la plupart du temps avec l'idée de revenir, mais sa migration devient définitive à la faveur de rencontres, du décès des parents ou d'une opportunité professionnelle particulière.

Les migrations définitives progressent également grâce à la création d'industries nouvelles dans les régions proches des foyers de départs. Ainsi, l'essor de la sidérurgie au Creusot ou des usines Michelin à Clermont-Ferrand entraînent de nombreux départs, souvent définitifs.

Dans ces conditions, les femmes à leur tour gagnent les villes pour rejoindre leur mari.

Beaucoup de migrants coupent progressivement les liens avec le pays, se contentant d'entretenir un sentiment de solidarité.

Les migrations contribuent à améliorer l'état sanitaire des individus, car les migrants installés en ville disposent d'une alimentation supérieure à celle des ruraux, notamment parce qu'ils consomment davantage de viande. On retrouve le même phénomène pour les départs à l'armée.
Les migrations contribuent aussi à modifier la psychologie paysanne traditionnelle car le fils migrant utilise ses gains pour acquérir son indépendance morale, pour les femmes, seules maîtresses au logis pendant de longs mois, elles acquièrent par la force des choses une plus grande autonomie et voient leur rôle valorisé, enfin la migration ouvre au monde et permet à un certain nombre de maçons de bénéficier du minimum d'instruction leurs permettant de s'exprimer et d'écrire en français.

Avant de réaliser ces déplacements hors de sa région, Mathieu, vivant auparavant dans un milieu clôt, ne parlait que le patois, ce qui l'incitait, au moins dans un premier temps, à se regrouper avec des gens parlant la même langue et exerçant le même métier. Mais progressivement il intégrera les valeurs urbaines et sera sensible à la diffusion du sentiment républicain et laïc même s'il n'a pas été à l'école, lieu de cette diffusion à la fin du 19ème siècle.

Le service militaire

1854 – L'hiver est froid et le printemps très sec. L'été sera très pluvieux précédant un hiver froid dès le mois de novembre.

Mathieu a 20 ans.

La guerre de Crimée a commencé dès octobre 1853.
310 000 français sont envoyés combattre[27].
Son cousin Robert de 13 ans son aîné, fils de son oncle Gervais et de Charlotte Desarménien a été envoyé en Crimée, Thomas n'a pas eu de ses nouvelles depuis son départ.
Le service militaire à cette époque est de huit ans. Mathieu redoute de partir lui aussi.

Un jour il reçut une lettre, lue par le facteur. Ce courrier l'informait qu'il devait se trouver au conseil de révision.
D'octobre à décembre 1854 il effectue sa première instruction militaire à Clermont.

Il sera exempté car on lui a diagnostiqué une petite atrophie du bras droit probablement due à une dénutrition quand il était petit. Ce qui ne l'a pas empêché d'exercer un métier très physique comme celui de maçon. Il connaissait ce handicap car quand il employait une truelle il avait recours de temps en temps à la main gauche pour soulager la droite. Ce fut un soulagement pour lui et pour toute sa famille car dans le cas d'un départ aux armées, il aurait été financièrement très pénalisée.

---

27 95 000 français mourront

1855 – Mathieu a 21 ans.

Il apprendra plus tard que son cousin Robert est décédé à Constantinople le 16 mars à 24 ans de blessure ou du choléra.

Le 15 mai 1855 s'ouvre l'Exposition universelle de Paris
Le 10 septembre 1855 on annonce la prise de Sébastopol en Crimée

1856 – Mathieu a 22 ans.

Le 30 mars le traité de Paris met fin à la guerre de Crimée. Le coût financier pour la France est très important de l'ordre de 150 millions de livres sterling et 1/3 des soldats ne reviendront pas.

L'ascenseur social n'existant pas, de nombreux hommes se sont engagés dans l'armée pour sortir de la misère.

Pour bien comprendre cette question, voici un petit rappel :
La conscription systématique en France remonte à l'année 1798. Sous l'Empire, Napoléon introduisit le tirage au sort et définit quels étaient les motifs d'exemption du service militaire. Chaque canton devait fournir un certain nombre de recrues. Les lots étaient tirés chaque année et les jeunes gens qui avaient un numéro supérieur au contingent exigé étaient exemptés, comme l'étaient les hommes mariés, les prêtres et tous ceux qui pouvaient se payer quelqu'un pour les remplacer pour 1500 à 1800 francs, ce qui mit en circulation une grande quantité d'argent[28]. On assista d'ailleurs à une augmentation des vocations religieuses ainsi que des mariages entre jeunes de 18 ans.

---

28 Selon Louis Peygnaud, "Le bal des conscrits", le total des sommes dépasse 70 millions de francs-or

En 1818, une nouvelle loi[29] fut définie, peu différente de la précédente. La durée du service militaire était de six ans en 1818, huit ans après 1824, sept ans entre 1855 et 1868, cinq ans jusqu'en 1889.

10 % des hommes étaient concernés par la conscription, surtout des pauvres garçons qui cherchaient à gagner un peu d'argent.

Certains agriculteurs rachetaient leur fils, non par affection mais parce qu'ils ne pouvaient plus exploiter leurs terres.

La conscription n'était pas considérée comme un devoir mais comme un lourd tribut imposé par l'État.

La substitution fut abolie par la loi de 1873 qui confirmait également la durée du service à cinq ans. Parallèlement le gouvernement introduisit toute une série de dispenses destinées principalement aux classes éduquées, les étudiants, enseignants, prêtres, séminaristes, fils aînés de familles nombreuses ou celles dont le père était mort.

Certains secteurs de l'opinion publique prônaient le service militaire universel, afin de rétablir le respect de l'autorité et surtout comme moyen de généraliser l'instruction.

Mais les classes supérieures n'appréciaient pas l'idée de voir leurs fils sous les drapeaux avec les fils de paysans.

Il n'y avait pas durant ce siècle d'inclinaison des hommes au service militaire, et même une certaine antipathie prononcée pour un service considéré comme un impôt. Pour s'y soustraire il y eu de nombreuses automutilations de la part des conscrits.

Cinq ans de service éloignaient une main d'œuvre indispensable à la ferme et dans les champs, faisaient augmenter les salaires locaux, retardaient les mariages, dissuadaient les jeunes de s'installer.

En 1889, le service fut réduit à trois ans.

En 1905, la durée du service fut fixée à deux ans.

En 1913, elle fut de nouveau fixée à trois ans.

La migration institutionnalisée et le brassage impliqué par le service militaire avaient commencé à opérer dans les années 1890 alors que

---

29 Celle du ministre de la guerre Laurent Gouvion-Saint-Cyr

sous sa forme limitée la conscription avait eu peu d'effet sur la mentalité rurale.

Jusqu'en 1889, les soldats de retour chez eux étaient craints et tenus en suspicion car ils avaient adopté des manières étrangères et des mauvaises habitudes si bien qu'ils étaient forcés à adopter les règles de la communauté et même à désapprendre le français[30].

Dans les années 1890 les relations entre l'armée et la patrie se sont améliorées, l'armée devenant l'école de la patrie, promouvant l'alphabétisation, la langue française.

Le recrutement était régional et les hommes servaient dans des unités locales. L'armée faisait perdre aux jeunes gens les préjugés de leurs pays, leurs suspicions et leurs opinions arriérées. Ainsi quand ils retournent dans leur village, ils sont suffisamment francisés pour franciser leurs amis par leur influence. Les parlers locaux s'effritèrent très vite.

Le régime alimentaire de l'armée malgré son caractère spartiate dépassait de loin celui de nombreux foyers. La soupe était bonne et abondante. La nourriture, le logement, le lit, l'hygiène, l'habillement, la situation du soldat était meilleure que celle des classes laborieuses rurales.

Pendant les années 1860, la ration journalière moyenne du soldat était de 1,4 kilo de nourriture alors que la moyenne nationale était de 1,2 kilo, chiffre qui incluait les grandes quantités d'aliments consommés par les riches.

Les taux de mortalité et de maladie étaient inférieurs pour les soldats que pour les civils dans la tranche d'age des 20 à 27 ans. Gardons à l'esprit que la grande majorité des soldats venait des classes les plus pauvres.

Dans les casernes la journée de travail était nettement inférieure à une journée de travail dans une ferme et ils avaient de la viande fraîche deux fois par jour malgré tout. Pour beaucoup l'armée fut le meilleur moment de leur vie[31].

---

30 A.M.Duchatellier "De la condition de fermier"
31 Probablement grâce aux réformes de Hubert Lyautey

Ainsi les hommes burent et mangèrent comme jamais ils ne l'avaient fait auparavant. Il n'est donc pas surprenant dans ces conditions que, connaissant les conditions de vie de leur pays natal, une bonne proportion de ces paysans soldats décidèrent de ne plus retourner dans leurs villages.

A l'issu du service les hommes cherchaient des emplois de valets de pied, cochers, ou rentraient dans la gendarmerie, le service des eaux et forêts, les travaux publics, la poste ou dans les chemins de fer, à moins qu'ils ne se ré-engagent. L'armée devenait le berceau des petits fonctionnaires. L'armée était devenue un agent d'émigration et de civilisation, un agent aussi puissant, à sa manière, que les écoles.

Départ pour Beaujeu

1857 – Mathieu a 23 ans. Il a déjà beaucoup bougé, son horizon est plus ample et surtout il s'est ouvert aux actualités. Il ne fait pas de politique mais il connaît l'existence des Républicains et de leurs actions en faveur de la classe ouvrière. Son avenir n'est plus dans sa région natale il en est persuadé, car il garde l'espoir d'une vie meilleure.

Il prend la route pour Beaujeu dans le Rhône au mois de mars.
Le temps sera froid et sec pendant plusieurs semaines.
Même si cette émigration faisait partie du projet familiale, il n'avait jamais été question qu'elle fut définitive.
Chez les maçons l'age moyen pour les départs est de 14 ans. Lui aussi était parti sur les routes à cet age. Les anciens de 50 ans ou plus transmettaient le métier, le savoir-faire mais aussi les introduisaient dans un réseau.
Beaucoup de jeunes ne revenaient plus, plus personne n'était dupe.
Si Paris attire une majorité des maçons, notamment ceux originaires de Basse Marche, Lyon reste la destination privilégiée des travailleurs des Combrailles.

Il se leva tôt comme à son habitude. Il revêtit des vêtements que lui avait fait confectionner spécialement sa mère il y a quelques années, une veste, un pantalon, un gilet d'une même étoffe de drap épais et lourd et dont la raideur paralysait les mouvements, au moins au début. Il mit sur sa terre son grand chapeau qui l'abriter du soleil et de la pluie. Ces habits lui semblaient trop vieux et songeait à renouveler ses vêtements une fois arrivé à Beaujeu.
Il fit ses adieux à sa famille, ce fut un peu plus pénible que d'habitude.

Son père l'embrassa, sa mère et ses sœurs pleurèrent. Dans les campagnes tout signe d'émotion était intériorisé. Une sorte de fatalisme recouvrait les sentiments.

Mathieu enferma dans son esprit les derniers regards de sa mère, sa bonté et son dévouement offert à tous ses enfants. Quelque chose lui disait qu'il ne reviendrait pas sur cette terre.

Les plus vieux le savaient aussi et lui adressaient des paroles encourageantes en lui faisant promettre de toujours garder un bon souvenir du pays.

Il promena une dernière fois son regard sur la maison, le hameau, le paysage vallonné, caressa doucement le chien, prit son sac contenant trois chemises, trois pantalons, un tablier, des chaussettes, une veste, deux gilets, un mouchoir, un savon, un marteau et une truelle, instruments indispensables pour se faire embaucher sur un chantier, et se mit en route.

Jamais Mathieu ne partait seul.

Jusqu'à maintenant les maçons voyagent à pied par des chemins de traverse, par bandes de 15 à 20, sous la conduite d'un maître-compagnon ou plus simplement d'un chef désigné par le groupe. Un tel groupe ne passe pas inaperçu. Au cours du trajet, un "éclaireur" part de l'avant sur la route et s'occupe de la logistique, c'est à dire de la nourriture et de l'hébergement, pour le reste de la bande. Les maçons empruntent toujours les mêmes routes à l'aller comme au retour. Aussi, ils font halte aux mêmes étapes et fréquentent les mêmes auberges. La nourriture est globalement correcte, à la différence de la literie, la plupart du temps déplorable. Les paillasses miteuses qui tiennent lieu de lits sont infestées de punaises ou de puces. Leur apparence, mêlée à leur langage en patois suscitait parfois auprès des habitants un sentiment de crainte, de suspicion, voire même de rejet. Les querelles avec d'autres groupes étaient fréquentes tout au long du chemin.

A partir du milieu de 19ème siècle, les conditions de voyage vont se modifier quelque peu. Si certains continuent d'effectuer à pied la totalité du parcours ; d'autres empruntent les voitures publiques ou le chemin de fer dont l'utilisation se généralise sous la IIIe République.

Mathieu partira à pied avec un groupe d'une dizaine d'hommes.
L'itinéraire était déjà tracé et comportera des étapes de 40 à 60 kilomètres par jour. Il lui faudra 5 jours pour arriver à destination en s'arrêtant à Riom, Thiers, Saint Just en Chevalet, Roanne, Cours la ville pour finir à Beaujeu.
Même si vers la fin de la Monarchie de Juillet les moyens de transport s'étaient considérablement développés, Mathieu fit tout le trajet à pied. Il n'y avait pas de ligne de chemin de fer et la patache, cette voiture de réforme était trop chère pour lui.

Au début du parcours le chemin fut difficile. Si la France ne manquait pas de grandes routes, dans ces espaces ruraux, les réseaux étaient délabrés, de nombreuses collectivités rurales restaient emprisonnées dans un semi-isolement. Pourtant les pistes, les sentes, sentiers, chemins, chaussées couvraient les campagnes, mais ces routes étaient grossières ; elles desservaient les habitations, permettaient d'aller de village en village, de ferme en ferme, de hameau en hameau, permettaient de rejoindre les champs et les vergers. Il y a avait les chemins de processions, les chemins qui menaient aux foires, les chemins des colporteurs, des saisonniers, des vendeurs en tous genres, des artisans compagnons, des vagabonds, des militaires, des bohémiens, des conscrits Il y avait les chemins des mariages et des enterrements. Ces chemins avaient tous un point en commun, ils étaient mal entretenus, orniérés, boueux, accidentés. Le passage des rivières était délicat, les ponts manquaient ou étaient en mauvais état. Les gens avaient leurs routes et ne voyageaient pas hors de leurs routes familiaires, même pour aller dans leurs champs. Voyager au-delà d'une certaine limite pour beaucoup correspondait à une aventure difficile. Dans beaucoup de région l'équation espace/temps contraignait les gens à ne pas trop bouger de chez eux.

C'est dans ces conditions que voyageait Mathieu depuis plusieurs années. Il marchait sur des routes creusées d'ornières profondes et boueuses, envahies par les herbes et les ronces. Parfois les agriculteurs y jetaient des pierres, en labouraient une partie. Après les premières pluies, ces routes rurales étaient défoncées par le piétinement du bétail. Les inondations ravageaient les routes, isolaient les hameaux et provoquaient de graves problèmes de ravitaillement.

Souvent le trafic sur roue était immobilisé.

Alors Mathieu partit à pied comme d'habitude.

Il était très heureux d'arriver à Riom, capital historique de l'Auvergne. C'était la première fois qu'il y entrait. Passant près de la basilique Saint-Amable, dont l'un de ses frère portait le prénom, il ne put s'empêcher d'entrer ; il fut décontenancé par l'importance de l'intérieur avec ses chapelle, sa nef, son déambulatoire lui qui n'avait connu que la petite église de Biollet. Puis devant se rendre rue de l'Horloge et et rue du Commerce qui constituent l'axe nord-sud de la ville, il levait les yeux pour voir ces maisons à trois étages, certaines à pan de bois, il fut frapper par la présence de nombreuses demeures bourgeoises, d'importants hôtels avec des frontons de porte soigneusement sculptés.

C'est à la pointe du jour que tout le petit groupe partit pour la ville de Thiers. Les chemins étaient beaucoup plus faciles pour circuler. Le commerce était intense. De nombreux marchands circulaient avec des transports d'animaux lourdement chargés, chevaux, ânes, mules. D'autres chargeaient sur leur dos des charges importantes. Il fallait porter des produits et en rapporter.

Les projets de routes étaient nombreux mais les travaux avançaient doucement bien que l'un des buts fut de donner du travail aux chômeurs.

La ville de Thiers était sombre, les rues escarpées avec des maisons entassées. Cette cité était très industrielle avec de nombreux ouvriers. Mathieu recensa de nombreux ateliers de coutellerie où l'on fabriquait des couteaux mais aussi des grattoirs, des manches de couteaux, les forges étaient nombreuses et le bruit des grands soufflets tapissaient le fond sonore de la ville. Son hébergement était situé dans la ferme d'un petit hameau en sortie de ville. Après le repas, la veillée ne dura pas car Mathieu était fatigué et tout le monde se coucha de bonne heure. Ils montèrent sous les combles et dormirent sur un matelas de paille. La chaleur du foyer montant de la cuisine, il n'eut pas froid, mais le vent s'engouffrant à travers le toit sifflait l'empêchant de dormir malgré la fatigue.

A partir de Noirétables, Feurs les chemins divergent. La majorité des maçons partent pour Lyon, ville de près de 200 000 habitants et habiteront principalement dans les quartiers de la Guillotière et de la part-Dieu. Vers 1860 les maçons seront au nombre de 3000 à 10 000 selon les estimations, d'autres partiront sur Saint-Etienne, et d'autres enfin iront en direction de Villefranche sur Saône comme Mathieu.
Ses deux compagnons de route, Pierre Chaffraix de Saint Gervais, scieur de long, 32 ans habitera le cours Lafayette à Lyon, c'était un homme de petite taille, 1m60, au cheveux chatains, Marien Lamadon de Biollet, cimentier, sera employé chez Joseph Grabet à Lyon. C'était un homme de 1m73 aux cheveux noirs. Les adieux furent tristes.
Le voyage durant entre 4 et 5 jours, tout le monde essaie d'arriver un dimanche pour pouvoir travailler immédiatement le lundi.
Le passage par la plaine de Roanne fut monotone mais sans difficulté.

L'état encourageait la création des lignes de chemin de fer. Les travaux étaient partout. La France se maillait de lignes nouvelles et le rail amenait avec lui une vie nouvelle. On créait des routes qui menaient au chemin de fer. Des îlots campagnards sortaient de leur autarcie économique et s'adaptaient au monde moderne. La conjonction des lignes ferroviaires et des routes construites pour les desservir produisait un effet d'intégration nationale dont l'ampleur et l'efficacité étaient sans précédents. Mais il restait encore beaucoup à faire pour créer des brèches dans les montagnes, pour relier au monde moderne les hameaux enclavés depuis des siècles. Une armée de travailleurs occupaient de nouveaux postes aux chemins de fer, les gares, nombreuses, offraient des postes stables à la population locale. Mais cela déstabilisa l'industrie local, les premières victimes furent les travaux domestiques comme le filage, le tissage, l'artisanat des campagnes même si le travail des paysans était bon marché. Les innombrables petites industries de charbon de bois, les innombrables mines déclinèrent rapidement. Le rail et la route allaient accroitre la mobilité au fur et à mesure que les petites industries locales disparaisaient

En soudant entre elles les différentes parties du pays, le rail et la route devenaient les grands moteurs de la civilisation à venir.

En arrivant à Cours la ville le temps avait changé, la pluie était au rendez-vous, une petite pluie fine venant de nuages bas qui assombrissaient le paysage. Pour la première fois l'eau pénétrait dans ses chaussures.

Lorsqu'il arrive au col des Echarmeaux, depuis longtemps utilisé pour aller de la Saône à la Loire, il sait qu'il n'est plus très loin, ou plutôt on lui souffle cette information. Le col offre un panorama ouvert sur la haute vallée d'Azergues. Ce col est le point de passage des pèlerins qui viennent de Cluny pour se rendre à Saint Jacques de Compostelle.

Il fait frais et humide, un faible vent fait circuler les nuages au dessus des sapins. Les conditions météorologiques apportent de la tristesse à ce voyage.

Après quelques dizaines de minutes de marche, il atteignit le village de Chênelette où apparaissent les châtaigniers avec à leurs pieds des genêts, fougères et bruyères. Au loin il observe un joli château abrité du vent du nord par le mont saint Rigaud. Chênelette joue la frontière entre les bois de sapins et les prairies semées de châtaigniers. Le village est entouré de petits hameaux de cinq ou six feux qui mettent un peu de vie dans cette nature sévère.

Il entame une longue descente sur une route en bon état où circulent de nombreux marchands. L'arrivée au village des Ardillats, gros village de 1300 habitants environ, adossé au nord ouest à la croupe puissante du mont Saint Rigaud, plus haut sommet du Rhône, au sud au mont Tourvéon, et un peu plus loin au nord-est au col de Crie, se fera assez rapidement. Le nom de la commune provenait du fait, qu'autrefois, non loin du bourg, dans une zone marécageuse, se produisaient des feux follets. Ces feux étaient appelés en patois, ardi.

Les forêts s'éclaircissent pour laisser place aux champs et aux premières vignes. Le village des Ardillats était plutôt tourné vers l'élevage, la production du bois avec des scieries, et les cultures céréalières. Du village la vue était très belle, on pouvait relier du regard le col des Echarmeaux qui conduit à Chauffaille et les monts d'Ouroux dans le haut Clunisois.

Le chemin descend rapidement pour atteindre les premières maisons du hameau des Dépôts de la commune de saint Didier sur Beaujeu.
Il y avait là par exemple l'hôtel du Rhône , un négociant en vins, un sabotier. Le gros hameau Les Dépôts, hameau peuplé de riches maisons, n'était en fait qu'une dépendance de Beaujeu à la jonction des routes des Ardillats et de Monsols. Ce hameau ressemblait à une cité ouvrière qui vivait des papeteries et des usines placées le long de la rivère. Mathieu observa la grande fabrique de papier du frère du très célèbre Monsieur de Mongolfier ainsi que les tanneries.

Du lieu-dit les Dépôts au centre de Beaujeu, la rue était longue et peuplée avec de nombreux commerces aussi divers qu'un restaurant-boulangerie, qu'une épicerie comptoir, d'une poste, d'un atelier de charron.
Si des calèches assuraient la liaison, le mode de déplacement le plus fréquent était l'attelage tiré par deux bœufs, solution archaïque mais indispensable aux échanges entre les villages.
La chaussée de ce quartier dit de la Roche-Gachot devenait vite impraticable par temps de pluie. Ce quartier faisait la transition entre le Beaujolais viticole et le Beaujolais sylvicole. On y stockait du vin pour l'exportation et du bois en tous genre venant des montagnes, si bien qu'en plus des commerces évoqués, le quartier rassemblait toutes sortes de professions liées au bois comme scieur, batteur d'écorces, charpentier, papetier, tonnelier et bien sûr sabotier.
Mathieu observa sur sa gauche en descendant le vieux couvent des sœurs de la saint Famille, plus loin le grand Hôtel-Dieu, la chapelle des Ursulines.
Il observa aussi deux ou trois maisons gothiques avec des sculptures du 14ème siècle en particulier celle qui fait l'angle de l'ancienne place Beurie et qui fut construite en 1793 avec les débris de

l'ancienne église collégiale ; la date était marquée sur le fronton.

Ce quartier important longeait la rivière de l'Ardières, affluent de la Saône, et menait au quartier de l'Ile toute proche des tanneries situées plus au centre de Beaujeu.
C'est au bord de cette rivière que de nombreuses activités se développèrent.
A la jonction des quartiers de l'Ile et de la Saboterie, Mathieu s'étonna à la vue des vieilles maisons jouxtant l'Ardières ; l'eau jadis potable puisqu'on y lavait la linge était maintenant fortement polluée par les tanneries. Proche du pont des pénitents, un moulin actionnait les machines des entreprises.

Ainsi il était enfin arrivé. Certains de ses compagnons continuèrent quelques kilomètres plus loin à Villié-Morgon et surtout à Fleurie.

Il devait être l'un des derniers de sa génération à voyager ainsi, de façon aussi fatigante car les chemins de fer allaient faire leur apparition. Ses jarets étaient solides et prêts à d'autres déplacements mais il décida de rester sur Beaujeu dans un premier temps.

Beaujeu a toujours été une ville importante compte tenu du fait que le défilé de l'Ardières qui conduit aux Echarmeaux était le passage le plus court entre le versant de la Saône et celui de la Loire.

La ville était animée et pourtant elle n'a gardé de son ancienne splendeur que son église saint Nicolas et son clocher roman.

Grâce aux diligences qui viennent de tous les points de la montagne et de la plaine prendre et déposer des voyageurs, Beaujeu est devenu un gros centre d'industries et de commerces. Mathieu le devine aux magasins bordant cette rue longue de deux kilomètres, aux vastes entrepôts de vins ce qui en fait l'un des plus important marché du Beaujolais. Ce qu'il ne pouvait savoir c'était à quel point la rivière l'Ardières était souillée et que cette pollution était l'une des causes d'une forte mortalité.

A cette époque[32] on pouvait noter la présence de 27 tanneries[33], employant une centaine d'ouvriers pour un salaire journalier de 3 francs à raison de 12 heures de travail. La plus importante, celle de M Magnin fabriquait 1440 peaux en moyenne par an, la plus modeste fabiquait 240 peaux par an. Notons qu'en 1836 il y avait seulement 37 ouvrier tanneurs, 44 en 1856 et que cette population diminua en 1886 pour revenir à 35 et 24 en 1911. Toutes ces tanneries ne fermeront pas pour autant car certaines vont s'établir à Belleville comme celles de la famille Robin.

Il y avait 5 battoirs à écorces (fabricants : Magnien, Belliard, Aucagne, Aujogue, Bernard) employant 10 batteurs d'écorces, 17 négociants en vin, 3 papéteries, 4 peigneurs de chanvre, 18 tonneliers, 7 moulins et huileries, 1 soierie et une mine de plomb.

A cette époque le maître travaillait toujours avec ses ouvriers. Si le tanneur était payé 3 francs, les autres ouvriers étaient payés 2 francs ce qui était peu sachant que le pain à l'époque coutait environ 30 centimes. L'acidité de l'eau de l'Ardières favorisait le traitement des peaux si bien que les cuirs de Beaujeu étaient d'une grande qualité, réalisés pour des clients de Paris, Lyon ou Marseille.

L'eau ainsi polluée n'était pas traitée à cette époque ce qui a eu probablement pour effet néfaste un accroissement de la mortalité.

Pour compléter cette liste, il faudrait bien sûr rajouter les artisans sous-traitants, les métiers liés à l'agriculture et la viniculture, le secteur tertiaire aec ses commerçants, ses auberges, les métiers du transport, les métiers d'administration.

---

32 Etat des industries du canton de Beaujeu du 14 mai 1860- AD Rhône Z/56/176
Source « Histoire et Génnéalogie en Beaujolais, bulletin 15 »
33 Noms des fabricants : Magnin, Cimetière, Rampon, Berger, Ducroux, Devillaine, Lafond, Michaudon, Briand, Bernard père et fils, Saint Cyr, Pollet, Dubel, Pouilly, Duvernay, Aujogue, Gaze, Lambert, Ducroux, Duvernay, Labruyère, Marchant, Ruet, Laforet, Trichard.

Mathieu se rapproche de l'église Saint Nicolas dont le clocher millénaire domine la ville. Il se mit alors à chercher la rue où se trouvait son logement ou plutot son garni où se retrouvaient plusieurs autres maçons en provenance de la Basse Auvergne comme lui. Les maçons s'organisent en chambrées de gens du même métier et de la même région du Limousin et de l'Auvergne. Cette cohésion est le signe pour les autorités d'un comportement potentiellement dangereux mais contrairement à Lyon cette population n'est pas rejetée dans les faubourg de la ville.

Le jour suivant il fallut acheter quelques outils complémentaires. Comme il n'avait pas d'argent on lui conseilla un prêteur qu'il remboursa régulièrement à un taux élevé.

Il se rendit ensuite à la place aux esclaves comme certains l'avaient appellés et attendit peu de temps pour qu'on lui proposât du travail.

S'il n'eut aucune peine à trouver du travail sur l'année, il servit d'abord comme garçon maçon car il fallait qu'il fasse ses preuves aux yeux des maîtres maçons et des employeurs, il avait pourtant près de huit ans d'expérience mais ce métier était très hiérarchisé.

En bas de l'échelle se trouve le manœuvre ou goujat ou encore garçon, ce travail qui ne nécessite aucune expérience est confié au jeune ouvrier. Il apporte aux maçons les matériaux du chantier, ce travail est très pénible. Puis vient le talocheur. Après quelques années d'expérience il devient maçon et est incorporé dans une équipe d'ouvriers professionnels. En haut de cette pyramide on trouve le maître maçon puis l'entrepreneur.

Ses premières journées passèrent à brasser des brouettées de sable, à monter et démonter des échafaudages, à creuser des puits. Ces travaux étaient régulièrement interrompus par des verres de vin qui n'étanchaient jamais la soif mais qui donnaient du courage et de la force. A cette époque la force était très prisée et donnait un sentiment de fierté et permettait de se faire respecter. Il intégra rapidement une équipe de maçons et fut considéré comme tel.

Dans le garni, le soir les hommes parlaient des filles, du pays ; il ne rentrait aucun livre, aucun journal, les conversations étaient peu variées.

Après le souper du soir ils allaient se coucher tôt pour recommencer le travail dès l'aube car souvent le chantier se trouvait assez loin. Leur existence était consacrée au labeur mais tous avaient malgré tout goût au travail.

Les tâches accomplies étaient très variées, à chaque fois les maçons avec qui il travaillait étaient différents et il les connaissait à peu près tous. Il y avait les économes et ceux qui « battaient le gravats » c'est à dire qui n'avaient jamais un sou pour aller à la gargote ou pour boire un canon chez le marchand de vin. Certains étaient sobres, d'autres interrompaient très souvent le travail pour boire la goutte la matin, qu'il fallait redoubler deux ou trois fois, puis il fallait boire le vin de 4 heures. Certain dépensait tout leur argent ainsi, à boire.

Mathieu évitait de travailler avec eux car le travail n'avançait pas et rapportait peu.

L'hiver ou lors des moments où le travail manquait il fallait ramasser et trier les moellons provenant des démolitions, ainsi que les vieilles tuiles, poutres, madriers, huisseries.

Les ouvriers du bâtiments supportent difficilement les crises, ils attendent le travail sur la place par tous les temps, grelottant de froid pour 42 sous à 3 francs cinquante par jour.

L'ordonnance de police du 26 septembre 1806 fixe, du 1 octobre au 31 mars, la journée de travail de 7 heures du matin « pour finir au jour défaillant », avec une pause de 10 à 11 heures. Pour les beaux jours, c'est à dire du 1er avril au 30 septembre, le travail commence à 6 heures du matin et se termine à 19 heures avec deux interruptions de 9 heures à 10 heures et de 14 heures à 15 heures. Vers le milieu du second Empire la journée de travail évolue un peu : de 6 heures à 18 heures d'avril à novembre et de 7 heures à 17heures le reste de l'année.

Beaucoup de maçons habitaient loin de leur lieu de travail et doivent faire plusieurs kilomètres à pied par tous les temps. Les jours de pluie les maçons travaillaient mouillés et transis de froid.

Ce métier était, dès le matin, très fatiguant mais Mathieu gardait en mémoire les jours passés à battre les gerbes dans la grange, les soirs à couper les grosses bûches de bois à la hache pour entretenir le feu dans les grandes cheminées. Il repensait à ces veillées avec les voisins, soirées plutôt agréables quand il y avait les jeunes filles, des bals dans la grange et cette vieille danse gauloise qu'on appelle la bourrée, danse qui s'est perpétuée dans les campagnes d'Auvergne de génération en génération.

Ces conditions très pénibles contribuèrent aussi à expliquer le taux important d'accidents du travail dans le milieu du bâtiment. Tous les ouvriers, à commencer par les apprentis sont succeptibles d'avoir un accident, encause la hauteur des constructions, les échafaudages mal posés, les maladresses, la fatigue mais aussi l'alcool qui les aidait à supporter ces conditions difficiles et l'inhalation de poussière qui entrainait la silicose.
L'ouvrier accidenté au 19ème siècle et qui ne pouvait plus travailler devait prouver devant les tribunaux que c'était la faute de l'employeur. On peut aisément imaginer que le nombre d'échecs était important et que, n'étant pas indemnisés, beaucoup tombaient dans la misère et bien sûr le chômage.

L'installation et le mariage

1859 Mathieu a 25 ans.

L'existence de ces ouvriers est fort heureusement entrecoupée de moments de détente et de distractions. Les jours de repos sont le dimanche et les jours de fêtes reconnus par l'Etat, comme le stipule l'ordonnance du 7 juin 1814. Les cabarets et les débits de boissons se remplissent, on y danse aussi. Les communautés se reforment, comme pour renforcer la solidarité. Cela crée des tensions parfois assez vives, voire dramatiques au bout de quelques verres de vin.
On y parle aussi politique, chacun diffusant l'information qu'il possède.
Une vision plus large de la société s'établit naturellement avec une prise de conscience de leurs conditions de travail. Les maçons migrants servent aussi de médiateurs entre les sociétés rurales et urbaines, infiltrant doucement les idées socialistes bien que les paysans n'aient ni les mêmes besoins ni les mêmes mentalités que les ouvriers.
Aux premiers jours de son arrivée, Mathieu avait fait l'objet de moqueries avec son accent et son langage qui n'étaient pas ceux du Beaujolais. Mais il abandonna son patois et s'intégra assez rapidement. Il n'avait pas été à l'école, c'était son point faible qui faisait de lui quelqu'un d'inférieur, mais dans les Combrailles, chez lui, il n'y avait pas d'écoles, les gens d'ici ne pouvaient pas comprendre.

Quand il vivait en Auvergne, plusieurs fois lors de ses retours au village, il fut question de mariage. Ses parents lui parlaient des jeunes filles des villages voisins, filles d'agriculteurs ou de maçons, mais Mathieu désirait partir comme beaucoup d'autres jeunes hommes à cette époque.

Depuis son arrivée il vivait dans un garni au centre de Beaujeu avec plusieurs autres compagnons. L'ameublement était sommaire, un clou faisait office de portemanteau, et il disposait d'une caisse pour ranger ses affaires.

Il payait cinq à huit francs par mois pour dormir dans ce garni dont la population évoluait faisant évoluer le prix du loyer. Ce tarif comprenait le blanchissage d'une chemise par semaine et la soupe du soir. L'alimentation était en général très mauvaise, très pauvre nutritionnellement compte tenu des efforts importants que faisaient les maçons. Il n'y avait qu'un cabinet d'aisance pour tous, si bien que l'air était fétide et restait confiné dans les pièces. Ce problème d'hygiène était crucial et l'eau était impure le plus souvent compte tenu de l'importante présence d'industries polluantes.

Il a depuis son arrivée à Beaujeu rencontré une jeune fille de sa condition, Jeanne Deborde qui exerçait le métier de domestique.

Jeanne était née le 9 août 1835 à Aigueperse, au village de son père Antoine, qui était agriculteur.

Antoine est mort le 18 novembre 1852, à l'age de 70 ans, Jeanne avait alors 17 ans. C'était l'époux en seconde noce de Claudine Lachize.

Ils étaient propriétaires d'une exploitation au lieu dit les Hayes proche de Saint Igny de vers sur la route de Monsols, village situé après le col de Champ Juin.

Au recensement de 1856, Jeanne était à l'Hôpital de Beaujeu pour des raisons inconnues.

Ainsi en 1858, Mathieu se mit en route pour demander Jeanne en mariage. Il lui faudra une grosse journée de marche aller-retour, et ce jour là, un dimanche d'été, il faisait beau et chaud. Partant dès 6 heures du matin, il remonta la grande rue jusqu'à l'embranchement de la route de Monsols, puis se dirigea vers le col de Crie.

Arrivé à ce col à cheval sur deux versants à 679 m d'altitude, la brise soufflait caressant son visage. Il respira à pleins poumons. En se retournant, au loin, il put distinguer la ville de Belleville. Sans s'arrêter à l'auberge qui permettait aux voyageurs de se reposer et de se restaurer, il descendit la route qui allait vers Monsols, gros bourg situé à la base nord ouest du Mont Saint Rigaud entre les montagne de Chonay, de la Charenze et de la Teissonnière. A l'ouest il regarda le mont d'Agoux où s'étaient installés dès les premiers siècles les moines de l'abbaye de Cluny.

Monsols est bâti en amphithéâtre aux flancs de la vallée.

Un ruelle en pente rapide le conduisit sur la place du village où s'élève une croix et une fontaine, sorte d'obélisque de pierre ronde sur un fût à pans coupés.

Au tournant de la grande rue, il passa près de l'église au toit pointu autour de laquelle se pressent les habitations des agriculteurs.

Quelques kilomètres plus loin il franchit le col de Champ Juin qui se dégage au milieu des forêts de sapin. Un chemin sur la gauche mène doucement au mont saint Rigaud. Le chemin longe des ruisseaux, l'humidité règne ici même en été. Quelques minute plus tard il observa le hameau de Le Plat, composé de seulement quelques maisons et carrefour de plusieurs directions vers saint-Christophe puis Cluny, Aigueperse, ou encore saint Igny de Vers. Sur la gauche il emprunta une sente boueuse et marquée par les pas des vaches, qui le mèna directement au hameau Les Hayes où l'attendait Claudine Lachize, la mère de Jeanne.

Il ne savait pas par quel bout commençer la conversation mais Claudine le sortit d'embarras.

Il fut aussi question du montant de la dot . Bien que Jeanne, sa future femme, soit le seul enfant du couple, cette dot était simple et se résumait à quelques meubles, du linge, des outils. Ils décidèrent ensuite de la date du mariage et des différents obligations administratives à réaliser.

Il reprit la route un peu tardivement, il allait marcher encore quatre heures. Le temps avait changé, les nuages étaient bas et une pluie fine l'accompagna jusqu'au col de Champ Juin. Il décida de ne pas redescendre vers Monsols, village situé trop bas, mais de longer les bois de manière à faire moins de dénivelé. Au col de Crie, il faisait nuit, le souffle du vent d'ouest amenait son flot de nuage bas. Pour redescendre Mathieu décida de couper au plus court. Il prit des raccoucis à travers les champs. Il faisait sombre, la lune était absente. Au bout de trente minutes, il vit au loin les premiers batiments. Il accéléra le pas, s'orientant plus facilement en se dirigeant vers les lumières des maisons au loin qu'il savait être celles du village des Ardillats. Le son de cloche de l'église confirmait son choix. Arrivé au hameau des Dépôts, près de l'usine à papier, il rentra à Beaujeu par la longue rue qui le mena au centre. Il venait de faire huit heures de marche, près de 40 kilomètres, mais il n'était pas éprouvé, il avait l'habitude de ces longs parcours.

Le mariage eut lieu le 1er mars 1859. Après un hiver doux, mars fut chaud, annonçant un canicule en été.

Un consentement par les parents a été fait devant Maitre Henry Léonard Madebine notaire à Saint Gervais, Puy de Dôme, le 7 février 1859.

Il a été fait un contrat de mariage reçu par Maitre Janson notaire à Beaujeu.

Le mariage fut simple, la famille de Mathieu n'a pas pu faire le déplacement, et la famille de Jeanne était réduite à seulement quelques personnes, ses collègues maçons, quelques artisans, et son cousin qui était venu du village voisin de Fleurie.

Sur l'acte de mariage il est dit que Mathieu et Jeanne ne savaient pas écrire.

L'argent était rare et il était difficile de faire face aux premières dépenses du mariage, alors il fallut faire des emprunts auprès de plus riches propriétaires à des taux encore élevés.

En guise de toilette, celle de Jeanne était sobre mais plus élaborée que celle que portaient les filles d'Auvergne qui se limitait à une robe de drap noir uni, une coiffe, des sabots avec de belles brides. Jeanne vivait à Beaujeu et bien que modestes, ses habits avaient un peu plus de fantaisie.

La cérémonie fut une noce de campagne simple, tout comme le fut le repas. Ce qui n'empêcha pas les jeunes de danser et de s'amuser, les barriques de vin mises à disposition aidèrent à mettre de l'ambiance. Le lendemain, le déjeuner se fit avec les restes de la veille, puis après quelques danses, chacun reprit son chemin vers son quartier ou son village.

Neuf mois plus tard, le 1er décembre, à huit heures du matin, naît leur premier fils Jean-Marie, et premier de sept enfants, dans leur maison située dans le quartier de la mairie de Beaujeu. Les témoins de la déclaration de naissance furent Jean Boisson, âgé de 55 ans, postillon, et Jean-Claude Sivignon, 28 ans, maréchal ferrant.
Mathieu était heureux d'avoir un enfant, et fier que ça soit un fils. Son esprit paysan ne l'avait pas abandonné.

Un mois plus tard, le 1 janvier 1860 Mathieu apprend le décès de sa mère Antoinette.
Un lien vient de se rompre avec sa famille.
Il n'a pas pu se rendre à son enterrement mais il s'imagina la scène. Sortant de l'église de Biollet, le cortège se rendait au cimetière en longeant à l'ouest un chemin montant sur quelques centaines de mètres. Le cimetière était à la sortie du village, sur un sommet, à droite du chemin. Les tombes étaient alignées perpendiculairement au chemin, sur un terrain en légère pente.
Le paysage sur cette hauteur était très beau par temps clair.

Un an et demi plus tard, le 31 août 1861, à dix heures du matin, Jeanne accouche d'un garçon Pierre, à leur domicile Quartier de la mairie.

1861 est une année importante sur le plan international.
En avril, aux États-Unis, commence une guerre qui va durer 4 ans occasionnant la mort de 620 000 personnes. C'est la charnière entre

*les guerres napoléoniennes et les guerres modernes. La victoire des
états du nord confirmera le prépondérance d'un modèle économique,
celui de l'industrie, exploitant des ouvriers, sur un modèle basé sur
l'agriculture exploitant des esclaves.*

*En fin de cette même année commence la guerre du Mexique[34] qui se
terminera en juin 1867.*
*Suite à la fin de la guerre de Crimée en 1856, Napoléon III forme le
projet de renverser le président mexicain, soucieux de développer
l'influence de la France en terre hispanique. Mais les Français vont
se heurter à une résistance farouche des Mexicains soutenus par les
Etats-Unis. Les raisons d'intervenir de Napoléon III étaient de
plusieurs sortes : géostratégiques, politiques, économiques.
L'Empereur voulait surtout s'opposer à l'ambition dévorante des
Etats-Unis et leurs politiques expensionnistes dans laquelle l'Europe
avait tout à perdre. Cette expédition se finira par un fiasco. En avril
1866, Napoléon III décide de rapatrier le corps expéditionnaire en
catastrophe.*

Le 3 décembre 1862, Mathieu apprend le décès de son père Annet.
Il repensa à son enfance. Il aura peu connu son père se dit-il.
Le lien est presque définitivement brisé. Il ne reviendra plus sur son
lieu de naissance.

*En 1862 commence la construction de l'église de Fleurie sous la
direction de Tony Dejardin, architecte diocésiens et architecte de la
ville de Lyon. De style néo-gothique, elle sera une des plus grande
du Beaujolais. Les cousins de Mathieu, venus eux aussi des
Combrailles, ont probablement travaillé sur ce chantier.*

---

34 « 1815- Les naufragés de l'Empire, », Claude-Alain Saby,
    ISBN 978-1-326-89826-7, 2016, première édition 2005, Ed. lulu.com

1864, le 4 juillet, il fait très chaud et sec, on assiste à la naissance du troisième enfant, une fille prénommée Claudine comme la mère de Jeanne, l'épouse de Mathieu. Malheureusement l'enfant ne vivra qu'un mois et mourra à 6 heures du soir le 2 août.
Mathieu et Jeanne vivent très difficilement cette épreuve d'autant que leur situation est très difficile.

Le phylloxera débarque d'Amérique vers 1864. Observé pour la première fois en France en 1863 dans le Gard, il a provoqué une catastrophe nationale qui va ruiner des régions entières et entraîner la quasi-disparition de la vigne.

Un an plus tard, le 23 juillet 1865 naît un troisième fils, Hippolyte

Aux Etats-Unis, l'esclavage est aboli par le treizième amendement de la constitution. Cette même année Lincoln est assassiné. Fin de la guerre de Sécession.

En 1865, Grégor Mendel, un moine autrichien, plantait des petits pois et observait comment les parents transmettaient leurs caractéristiques à leur descendance. Il établit les règles de l'hérédité qui forment aujourd'hui les bases de la génétique.

En 1866 Mathieu a 33 ans, Jeanne 32 ans, Jean-Marie 7 ans, Pierre 5 ans, et Hippolyte 1 an. Cette famille habite toujours au Quartier de l'Hôtel de ville.
Alors qu'ils auraient pu jouir d'une vie un peu plus paisible, les mauvaises nouvelles vont s'enchaîner.
En 1866, Mathieu apprend le décès de Jacques son frère, le 17 août à l'age de 24 ans, à Paris, en tant que soldat.

Un an plus tard, en 1867, il apprend le décès de son frère aîné, Gervais le 29 juin, à l'age de 39 ans.

Puis lui-même est doublement touché l'année suivant en 1868 par le décès de ses deux fils la même année ; avec Pierre qui meure le 18 mai à l'age de 6 ans, puis six mois plus tard, avec le décès de son fils Hippolyte à l'age de 2 ans et demi le 23 novembre.
15 jours plus tard survient le décès de son frère Amable à l'age de 23 ans le 6 décembre.
Ainsi en seulement 3 ans, les personnes les plus proches sont décédées, entraînant très probablement un très fort traumatisme et beaucoup d'incompréhension et d'injustice.

Cette année 1868 aurait pu être heureuse avec l'ouverture de la ligne de train reliant Beaujeu à Belleville. Beaucoup d'efforts avaient été consacrés à cette réalisation

Cette ligne a été déclarée d'utilité publique et concédée à MM. Picard et Bergeron par le décret du 11 octobre 1882. Elle a été ouverte à l'exploitation le 1er décembre 1893.
Le 4 avril 1884, la ligne est classée comme ligne d'intérêt général et rétrocédée à la Compagnie des chemins de fer de Paris à Lyon et à la Méditerranée (PLM) qui en a assuré l'exploitation à partir du 15 mai 1885. Elle a été fermée au service des voyageurs en 1938, et à celui des marchandises de Saint-Jean-d'Ardières à Beaujeu en 1987 et de Belleville à Saint-Jean-d'Ardières en 2006.

1869 fut une année plus heureuse avec la naissance d'un fils, Jacques le 13 novembre. Ce prénom fut donné en souvenir de son frère mort à 24 ans à l'armée.
Au niveau national, dès juillet 1870, 1 600 000 hommes sont mobilisés jusqu'en janvier 1871. La guerre contre les Prussiens entraînera la mort de 139 000 d'entre eux, 475 000 seront faits prisonniers. La France perdra l'Alsace et le Lorraine. Napoléon III ne voulait pas de cette guerre, son état-major pensait la gagner facilement. Mathieu n'avait pas d'avis comme la plupart des Français mal informés à cette époque et sous le coup de la propagande.

1870, le 22 décembre, une fille prénommée Jeanne vient compléter la famille.
Autant cette année là l'été fut caniculaire, autant l'hiver fut glacial.
C'est dans cet environnement que naquit Jeanne.

Mais d'autres nuages sombres vont bientôt arrivés sur ce couple.

1871, le 5 février à 1 mois et demi, Jeanne décède ravivant la douleur de cette famille.
Quelques jours avant la France perdait la Guerre.

Cette année fut marquée par l'accroissement de la famine et des épidémies.
Événement très grave dans le pays du Beaujolais, le phylloxéra fait son apparition jusqu'en 1900. La crise est présente et se fait sentir dans tous les corps de métier.

Après des années de prospérité, la viticulture française est confrontée, durant cette seconde moitié du 19ème siècle, à de graves crises. Parmi celles-ci, le phylloxéra est de loin la catastrophe la plus grave. Au-delà des ravages causés sur la vigne, cette maladie venue d'Amérique conduit l'ensemble de la viticulture et du monde rural français vers la ruine et la désolation. Des régions entièrement vouées à la monoculture de la vigne se retrouvent dans une impasse agricole, économique et foncière.
A l'origine, le phylloxéra est un puceron microscopique se développant sur les racines des ceps de vigne. Se reproduisant très rapidement, ces insectes peuvent également répandre leurs méfaits grâce aux vents et à l'apparition d'individus ailés. Ils sont introduits en Europe par de riches propriétaires qui tentent alors des expériences sur les cépages américains.

Les premiers foyers d'infection sont constatés dans le Midi provençal avant de s'étendre à la région bordelaise et de remonter progressivement la vallée du Rhône sans épargner le moindre vignoble.

Le phylloxéra pénètre le département du Rhône dès 1871 où il est signalé à Ampuis et à Villié-Morgon.

Les cultivateurs du Beaujolais pensent que la maladie sera vaincue par la rudesse des hivers et par les nombreux vallonnements. Les mesures préventives de lutte: arrachage des ceps et brûlage sur place par exemple, ne sont que partiellement respectées. Le puceron se répand alors facilement et à une cadence très vive. Rapidement, l'ensemble du département est touché de façon irréversible.

Pour faire face à ce fléau, de nombreux syndicats de lutte anti-phylloxérique et commissions sont mis en place. Ils ont pour but d'organiser la lutte et de conseiller les viticulteurs. La principale fonction de tels organismes est notamment de répartir les subventions ministérielles pour l'emploi du sulfure de carbone pourtant sans effet radical sur le puceron.
Le canton de Beaujeu, solidement marqué par la grande propriété foncière, voit se multiplier le nombre de syndicats au même rythme que se développe le fléau phylloxérique. Toutefois, les effets escomptés ne sont pas significatifs, la production diminue fortement tandis que le mouvement des ventes de vins et celui des propriétés foncières sont en chute libre, synonymes d'une crise chronique grave.
En 1872, année où l'on observe de grosses inondations à Paris, Mathieu ct sa famille habitent toujours quartier de l'Hôtel de ville, lui a 38 ans, Jeanne a 37 ans , Jean-Marie a 13 ans , Jacques 3 ans, et ils sont déjà très éprouvés par les conditions de vie.

Le 24 avril 1872, une commission parlementaire est chargée d'une enquête sue les conditions de travail
Le 27 juillet 1872, la loi Cissey établit un service militaire universel dont la durée est fixée par tirage au sort, 5 ans ou 1 an.

Le 9 janvier 1873 marque la mort de Louis Napoléon Bonaparte (Napoléon III)
Cette même année est instauré un service militaire de 3 ans pour les hommes
Le 15 mai 1874, une loi interdit le travail des enfants âgés de moins de 13 ans et réglemente le travail des femmes.

1875 : Lois constitutionnelles établissant la IIIème République

Jusqu'en 1876, ce fut 4 années de relative tranquillité malgré les difficultés économiques ; la famille n'avait pas changé de domicile. Jean-Marie leur fils avait déjà 17 ans et était maçon comme son père.

En 1876, George Sand, écrivain décède le 8 juin
En 1876, Dépôt du brevet sur le téléphone par l'Américain Alexander Graham Bell et prend de vitesse Thomas Edidon
En 1876, la première colonie de vacances est organisée : le pasteur suisse Hermann Walter Bion emmène plus de 60 enfants à la campagne. L'idée lui vint en les observant au coeur du quartier défavorisé de Zurich. Accompagné de dix adultes, il leur fera passer deux semaines au grand air. Les garçons dormiront dans la paille et les filles, chez les paysans. Chacun d'eux contribuera aux tâches ménagères mais participe surtout à des activités instructives et sportives.
A beaujeu on est très loin de cette initiative

L'année suivant en 1877, la naissance d'une fille Jeanne-Marie aurait pu apporter un peu de bonheur mais elle mourut le jour de sa naissance le 30 juin à 9 heures du matin.

La famille va déménager provisoirement quartier des pères.

En 1877, Edison invente le phonographe. Adolphe Thiers meurt le trois septembre d'une crise cardiaque. La Roumanie proclame son indépendance. Début de la guerre russo-turque. Premier vol d'hélicoptère par l'ingénieur italien Enrico Forlanini.
En 1878, on assiste à la naissance de Joseph Staline.
Troisième exposition universelle de Paris.
Naissance d'André Citroën.
Inauguration du premier central téléphonique dans le Connecticut.

En 1879, Jean-Marie, le fils de Mathieu, a 20 ans. Il n'aura jamais connu le pays des Combrailles, ni même aucun membre de sa famille auvergnate.
Cette année fut très froide, voire même glaciale, humide en été. L'automne se caractérise par une vague de froid exceptionnelle, avec une température en dessous de moins 30 sur l'ensemble du pays.

1879 : la chambre des députés adopte "La Marseillaise" comme hymne national français. Composée pour l'armée du Rhin en 1792 par l'officier Claude Rouget de Lisle, l'air était déjà devenu "chant national" en 1795, mais ce texte n'avait jamais été officialisé.
1879 est marquée aussi par la naissance d'Albert Einstein, le décès d'Eugène-louis Bonaparte, fils unique de Napoléon III et de l'Impératrice Eugénie
La décennie 1880 marque le point de départ d'une décroissance très rapide des migrations saisonnières au profit d'un exode régulier des familles de maçons vers les villes.

1880- Jean-Marie est un jeune homme de 1m66 aux yeux gris. Il est, cette année là, convoqué à Lyon, subdivision de Rhône Nord pour accomplir son service militaire sous le matricule 596.
Il est incorporé au 134ème Régiment d'Infanterie, basé à Mâcon, ville de garnison et de soins, à compter du 15 novembre 1880 comme jeune soldat appelé. Puis passe dans la disponibilité le 5 octobre 1881.

Il effectue une première période d'exercice du 25 août au 21 septembre 1886, puis une deuxième période d'exercice dans le 134ème de ligne du 1er au 13 octobre 1888. Il passe dans l'armée territoriale le 1er novembre 1893.
Il sera libéré du service militaire le 1er septembre 1905.

En 1881, Mathieu a 47 ans, Jeanne 46 ans, Jean-Marie 22 ans, et Jacques 12 ans. Jean-Marie est domicilié chez ses parents.

En 1882, Louis Pasteur est reçu à l'Académie Française
En 1882, Jules Ferry généralise le certificat d'études primaires mis en place le 20 août 1866 par Victor Dupuy

1883 signe un changement dans la composition de la famille - Le 14 juin, Mathieu et Jeanne marient leur fils ainé Jean-Marie.

Jean-Marie a 24 ans et Benoîte Bine sa femme, née à Beaujeu le 14 août 1863, a 20 ans. Benoîte est l'aînée d'une fratrie de 3 filles, avec Rosalie et Pierrette.
Benoîte, aide de ménage habitait avec ses parents quartier de l'église à Beaujeu. Seul son père a pu assister à son mariage car sa mère, Marie Pierrette Duthel est décédée deux ans plus tôt à l'age de 49 ans.
Les quatre témoins du mariage sont des artisans avec Louis Magnin, propriétaire, trente huit ans, Crozet Joanny, tailleur, trente huit ans, Bergeron Jacques, charron, quarante sept ans, Balandras Claudius, chapelier, âgé de quarante neuf, tous amis du marié.
Jean-Marie était un maçon expérimenté. Le père de Benoite avait une signature hésitante sur l'acte ce qui témoigne d'un faible niveau d'éducation tout comme celui de Mathieu ; il n'y a pas eu de contrat de mariage.
Un an plus tard, on célébrait le mariage de Rosalie, la sœur de Benoite, née le 3 septembre 1865. Elle se maria à 19 ans avec Claude Chignard, de dix ans son aîné, voiturier à Belleville sur Saône.

Cette même année de 1884 est né le premier enfant de Jean-Marie et de Benoîte, une fille prénommée Jeanne-Françoise mais elle mourra deux ans plus tard le 29 avril 1886 à neuf heures du soir.
Deux mois avant ce décès, dans leur maison du quartier du Pont Paradis, Benoîte avait mis au monde un fils, le 24 février 1886, prénommé Antoine.
La famille de Benoîte habite aussi le quartier du Pont Paradis ce qui permet de s'entraider en cette période où les naissances et les décès se succèdent invariablement, froidement.

1886 Mathieu, Jeanne, et leur fils Jacques qui a 17 ans, habite toujours Quartier Célestin à Beaujeu, quartier proche de celui de son fils.

1886 Jean-Marie et Benoite ont leur premier enfant, un fils, qu'il prénomme Antoine ; il est né le 24 février.
En 1886, on assiste à l'inauguration de la statue de la liberté : le président américain Cleveland fait ériger la statue du sculpteur français Auguste Bartholdi : « la liberté éclairant le monde ». Elle est installée sur l'île de Liberty Island à New York.
En 1886, mort de Franz Liszt, naissance de Robert Schuman, 1886 c'est l'année de l'invention du Coca-Cola par John Style Pemberton, et Carl Benz brevette la première automobile.

1887 – L'année suivante, Jean-Marie et Benoîte ont un autre enfant, une fille née le 24 juillet prénommée Jeanne, celle-ci nous le verrons aura une vie courte et triste avec une zone d'ombre.

1887 c'est aussi le démarrage des travaux de la tour Eiffel qui vont durer deux ans, deux mois et cinq jours et sera réalisée par seulement 250 ouvriers.
Elle est inaugurée, à l'occasion d'une fête de fin de chantier organisée par Gustave Eiffel, le 31 mars 1889

1889- Le service militaire est réduit à 3 ans. Dans les années 1890, les relations entre l'armée et la patrie se sont améliorées, l'armée devenant l'école de la patrie, promouvant l'alphabétisation et la langue française.

1889 – Cette année sera froide et pluvieuse, peu ensoleillée.
Jacques le deuxième fils de Mathieu est appelé pour faire son service militaire.
Jacques est maçon comme son père et son frère Jean-Marie, et est plus grand qu'eux, il mesure 1,74 m, il a les yeux noirs.
Son niveau d'instruction est moins élevé que celui de Jean-Marie.
Il est incorporé au 5ème régiment de Cuirassiers à compter du 13 novembre 1890 comme jeune soldat appelé. Il est cavalier de 2ème classe. Peut-être a-t-il eu une influence sur le fait que les trois fils de son frère Jean-Marie s'engageront plus tard au sein de régiments de Cuirassiers à Lyon.

Cette même année 1890, Françoise Bine, le père de Benoite, décède.

L'année suivante le 16 mars 1891, les enfants de Mathieu apprennent le décès de leur mère Jeanne, Jacques étant à l'armée ne pourra pas assister à son enterrement.
Jacques est ensuite envoyé en congé le 2 octobre 1893 en attendant son passage dans la réserve.
Dans la réserve de l'armée active il est affecté au régiment d'artillerie de corps stationné à Besançon,
Dans l'armée territoriale il est affecté au 21ème groupe spécial du 51ème régiment d'infanterie.
Il accomplit un 1ère période d'exercices dans le 5ème Régiment d'Artillerie du 4 au 31 août 1896.
Jacques a été réformé à l'age de 30 ans par la commission spéciale du Rhône le 11 novembre 1899 pour atrophie pupillaire d'origine traumatique.

En 1890, est inauguré à Clermont le premier tramway électrique par traction éléectrique par câble aérien. Apprenant cette information, Mathieu ressent une certaine fierté pour son pays natal..

1890 est aussi la naissance de Roger Salengro futur ministre de l'intérieur au Front Populaire en 1936, de Qwight Davis Eisenhover, de Maurice Genevoix.

En 1890 Van Gogh se suicide.
En 1890, Clément Ader, ingénieur français, réussit à décoller du sol sur une distance de 40 mètres

1891- Au décès de sa mère Jeanne Deborde, Jean-Marie, Benoite sa femme, Antoine 5 ans, Jeanne 4 ans, habitent le Quartier du Pont Paradis. Un nouveau fils va naître le 17 février prénommée Jacques comme le frère de Jean-Marie.

Cette même année, 5 jours avant la naissance de Jacques (le fils de Jean-Marie), naîtra Louise[35] le 12 février, la fille de Pierrette, sœur de Benoîte. Louise est une fille naturelle. Elle épousera plus tard M Berthelier à Beaujeu.

Tous habitent le même quartier du pont Paradis.

Deux ans plus tard, tout le monde assiste au mariage le 20 octobre 1893 de Pierrette, sœur de Benoîte avec Pierre Félix, ferblantier, de un an plus âgé qu'elle.

Des liens se sont crées et maintenus entre le petit Jacques et Pierre Félix, Jacques sera plus tard lui aussi ferblantier et non pas maçon. Pierre Félix signera le décès de Jean-Marie. Les liens entre ces familles étaient assez étroits.

En 1891, décès du baron Eugène Haussmann, de Jules Grévy, d'Arthur Rimbaud
Le 1er mai 1891 est organisée une manifestation ouvrière dans la ville de Fourmies, dans le Nord. Il s'agit de revendiquer la journée de huit heures et l'augmentation des salaires. Les manifestants font face au service d'ordre qui reçoit l'ordre de tirer sur la foule, tuant neuf personnes et en blessant trente-cinq. Cet épisode renforce la Section française de l'internationale ouvrière

En 1891, naît le journal L'Auvergnat de Lyon, sur le modèle de celui qui existe à Paris. Il est géré par un dénommé J. F. Taillandier. En 1892, les statuts d'une nouvelle association, L'Arverne, sont publiés dans ce journal qui semble en être à l'origine. Pour être admis dans cette société philanthropique, « il faut être originaire de l'ancienne province d'Auvergne (aujourd'hui départements du Puy-de-Dôme,

---

35 Au cimetière de Beaujeu on ne retrouve plus que la tombe de Louise. Il n'y a plus aucun souvenirs des autres membres de cette famille

du Cantal et arrondissement de Brioude dans la Haute-Loire) ou né de parents ayant cette origine ». Cette association ne semble jamais avoir existé réellement et le journal cesse de paraître en décembre 1893.

En 1892, August Weissmann avec d'autres savants constata que l'information génétique était stockée dans le noyau de la cellule.

En 1892, Jules Verne reçoit la Légion d'honneur.
En 1892 sort un scandale : l'affaire de Panama

En 1893, décès de Jules Ferry et de Guy de Maupassant
Le 5 mars 1893, l'arsenal de Rochefort est chargé de construire le croiseur Jean Bart, premier bâtiment en acier, sans voilure et doté de tourelles barbettes. Pesant 4 300 tonnes, la silhouette du Jean Bart se caractérise par des tours métalliques en guise de mâts.

1894 – La famille de Jean-Marie et Benoîte s'agrandit ; Louis-Antoine[36] naît le 30 janvier, la même année que le futur académicien Jean Rostand.

En 1894 : on assiste à l'assassinat de Sadi Carnot, Président français et à l'élection de Casimir Perier.
En 1894, arrestation du capitaine Dreyfus

En 1895, naissance de Marcel Pagnol, de Jean Giono,
En 1895, décès de Louis Pasteur, de Friedrich Engels.
Les frères Lumière présentent leur premier film
Cette même année le physicien allemand Wilhelm Röntgen découvre les rayons X.

---

36 *Sa naissance est importante pour l'auteur de ce livre puisque c'est son grand-père.*

1896 – Mathieu habite toujours quartier des Célestins, il a 62 ans. Il assiste à la naissance de Françoise, le 15 février, fille de Jean-Marie et Benoîte dans leur maison Quartier du Pont Paradis.

Mars 1896, on assiste à l'ouverture des premiers Jeux Olympiques modernes à l'initiative du baron français Pierre de Coubertin. Ces jeux sont organisés à Athènes en mémoire de la tradition antique. 14 pays y sont représentés pour un total de 285 athlètes. Le berger grec Spiridon Louis, remportera l'épreuve la plus populaire du pays, le marathon.
1896 Becquerel découvre la radioactivité naturelle

1897, découverte de l'électron par l'anglais John Thomson
Le 16 décembre 1897 décès d'Alphonse Daudet

1897 Grande grève des maçons à Lyon. La première organisation ouvrière naît en 1877 mais le syndicalisme ne commence à prendre de l'ampleur qu'après la grande grève de 1897. Ce conflit, qui dure 3 mois, met les maçons au premier plan des luttes sociales du bâtiment lyonnais. Pendant cette grève, les dirigeants du mouvement, pour la plupart limousins, imposent une cessation du travail presque totale, un contrôle strict des chantiers et une chasse aux non-grévistes impitoyable. Mais, pendant le conflit, ils refusent de se rallier à un projet de grève générale du bâtiment de Lyon que prônent plusieurs corporations lyonnaises au motif qu'ils «ont bien assez à faire chez eux, sans se préoccuper de ce qui se passe dans les autres corporation. (source J-L de Ochandiano)

Syndicat professionnel
Ouvrier

Commune de   Canton   de
Villefranche

Titre { Syndicat des Ouvriers
maçons et Similaires
de Villefranche sur Saône
et de la Région.

Date de la création : le
Date de la constitution légale : le
(Constitution de la Loi du 21 Mars 1884 - art   )

GRÊVE DES OUVRIERS MAÇONS DE LYON

Voici le texte du traité passé le 28 juillet 897 entre la commission patronale et la élégation ouvrière remplaçant l'ancienne ommission de la grève :

Les soussignés : MM. H. Dumont, Tarnaud, Clément, ouis Matterre, Emiel, Chomette, Darfeuille, Fesse-aud, Gay, Martial Paufique, Petavit et Rieublanc, nembres autorisés de la commission des entrepreneurs de maçonnerie de Lyon, d'une part.

Et MM. Jabut, Bosdevesy, Pangaud, Durnal, Fanon, Raton et Sirleix, membres de la délégation également autorisée des ouvriers maçons de cette ville, l'autre part;

Déclarent expressément consentir aux conditions suivantes qui doivent mettre fin au conflit divisant les deux groupes depuis le 9 mai dernier.

Article premier. — La journée maximum est de dix heures de travail.

Art. 2. — Contremaîtres. — Tout contremaître qui ne sera pas payé au mois et qui aura la direction d'un chantier au-dessus de quinze ouvriers sera payé à raison de 0 fr. 80 l'heure. Les heures de nuit à partir de 8 heures du soir seront payées le double.

Art. 3. — Ouvriers maçons. — Le prix minimum de l'heure de travail de l'ouvrier maçon est de 0 fr. 60. Les heures de nuit à partir de 8 heures du soir, le double. Aucun ouvrier maçon ne pourra être payé à un prix inférieur à 0 fr. 60 l'heure.

Toute infraction à cet engagement devra être signalée à la chambre syndicale des entrepreneurs qui, le cas échéant, exercera l'action nécessaire contre le délinquant, après un délai d'avertissement de huitaine.

SECRÉTARIAT GÉNÉRAL

Préfecture du Rhône

SYNDICAT DES MAÇONS
DE LYON & DU RHÔNE
SIÈGE: Place des Célestins, 6

1898 – Le 20 octobre

A l'age de 65 ans, Mathieu décède. *Il ne profitera pas des avancées de la grêve en matière de droit du travail.*
Il laisse une descendance sur cette terre du beaujolais. Mais sur 7 enfants, 5 sont morts très tôt, avant lui. L'implantation d'une famille à Beaujeu ne s'est pas réalisée comme il l'aurait souhaité. Les traumatismes seront nombreux et laisseront des traces sur plusieurs générations. En migrant à Beaujeu, Mathieu s'est ouvert au monde moderne même s'il n'a pas eu à participer à cette évolution, cette fin de siècle fut très riche en événements mais le monde ouvrier continue à beaucoup souffrir.

La déclaration de décès de Mathieu a été faite par son fils Jacques.
Cette même année de 1898, le 5 septembre, un mois et demi avant la mort de son père, Jacques est condamné à une amende par le tribunal de Villefranche sur Saône pour « coups ». Il a 19 ans. Il est très perturbé de se retrouver chef de famille. Puis il est condamné de nouveau le 24 janvier 1901 à trente francs d'amende pour « abattage et vol d'arbres ». Le 28 juillet 1904, il est condamné par le tribunal de Trévoux pour « vol ». Il est de nouveau condamné le 14 janvier 1909 par jugement de défaut au tribunal de Lyon à quinze jours d'emprisonnement et par jugement contradictoire du tribunal correctionnel de Lyon du 12 novembre 1913 à deux mois d'emprisonnement pour vol.
Il est classé en service armé par le conseil de révision du Rhône du 31 décembre 1914. Il passe au 21ème groupe spécial le 19 avril 1915 puis au 51ème Régiment d'infanterie le 27 mars 1916. Il finit classé dans le service auxiliaire pour des raisons de vision faible et renvoyé dans ses foyers le 12 avril 1916. Il logeait à cette date à Villeurbanne, 15 rue Henri Rolland, et non pas à Beaujeu.
Il est noté qu'il a fait une campagne contre l'Allemagne du 19 août 1915 au 13 avril 1916.
Il a donc fait la guerre de 14-18, comme ses neveux, Louis-Antoine,

Antoine et Jacques, fils de Jean-Marie, dont nous parlerons plus loin. Jacques aura été visiblement déstabilisé probablement par la mort de son père Mathieu, par les difficultés financières liées aux problèmes vinicoles de l'époque, par la détresse générale de cette famille.

Célibataire, il est décédé le 26 mai 1917 à 2 heures du matin.

1898 – Françoise, fille de Jean-Marie et de Benoîte décède 2 ans après sa naissance, le 28 février, à 5 heures et demi du matin, renforçant un peu plus les traumatismes familiaux.

1898, le temps était doux et agréable, comme il a été dit quelques lignes plus hautes, ce 20 octobre à 18h30, Mathieu, père Jean-Marie décède dans son domicile quartier des Célestins. Ainsi s'éteint celui qui a implanté une nouvelle branche généalogique dans la région du Beaujolais.

Cette même année 1898, 28 décembre, mourait au hameau de La Martinèche, commune de Soubrebost (Creuse) un ancien maçon Martin Nadaud, né le 17 novembre 1815, c'était un maçon de la Creuse, un franc-maçon et un homme politique français.
Martin Nadaud était le fils de Léonard Nadaud et de Marie Julien tous deux modestes cultivateurs illettrés. Pour subvenir aux besoins de sa famille Léonard Nadaud était également maçon à Paris pendant de longues périodes qui l'éloignaient de sa famille. Bien que pauvre, Léonard Nadaud voulut que son fils acquiert de l'instruction et malgré l'opposition de sa femme et du reste de la famille, Martin apprit les rudiments du savoir en fréquentant épisodiquement plusieurs maîtres des environs de son village. Martin Nadaud réussit brillamment à force de courage, et d'énergie. Il sera élu député de la Creuse, s'exilera en Angleterre en 1851, à son retour en 1870 il sera Préfet de la Creuse puis de nouveau député.

Le parcours de Mathieu était plus modeste mais peut s'apparenter à celui de Martin Nadaud. La réussite pour Mathieu n'a pas été au rendez-vous.

Mathieu s'était rendu à pied à Saint Igny de Vers demander Jeanne en mariage, en passant par le col de Crie.

En cette fin de siècle, une grande nouveauté va bouleverser le paysage. En effet jusqu'alors il existait une ligne de chemin de fer qui allait de Belleville à Beaujeu. En 1896 il fut décider de créer un réseau de deux lignes, à voie métrique ayant pour gare de départ Villefranche sur Saône.

La Compagnie des chemins de fer et tramways obtient en 1896 la concession du réseau.

Mais en 1898, la Compagnie des chemins de fer du Beaujolais se substitue à l'autre Compagnie.

- La ligne de Villefranche-sur-Saône à Monsols, longue de 48 kilomètres, desservira des communes du nord du département du Rhône, dans la région du Beaujolais.
- La ligne de Villefranche à Tarare, longue de 44 kilomètres, desservira les Monts du Beaujolais et la vallée de la Turdine en traversant la vallée d'Azergue, aux Ponts Tarrets.

Ces deux lignes disparaitront en 1934.

Ce chemin de fer emmenait ses passagers de Villefranche à Tarare en passant par :Gleizé, Liergues, Pouilly le Monial, Jarnioux, Ville sur Jarnioux, Theizé, Frontenas, Le Bois d'Oingt, Légny, (croisement avec la ligne PLM Paray le Monial Lyon), Les Tuileries, Sarcey, les Olmes, Pontcharra sur Turdine et Tarare.

Vers Monsols on pouvait visiter le Beaujolais viticole avec St Julien, Blacé, Salles-Arbuissonnas, Le Perréon-Vaux en Beaujolais, St Etienne les Oullières, Odenas, Brouilly, Quincié, Beaujeu (terminus de la ligne PLM Belleville/Saône-Beaujeu) où l'on quittait le Beaujolais viticole pour entrer dans des paysages de prairies et de forêts pour atteindre Les Ardillats, Chénelette et enfin Monsols avec une halte au col de Crie.

Les travaux de construction de la ligne débutèrent en 1898, année du décès de Mathieu, et se terminèrent après 1900. Ce chemin de fer connut un grand succès mais après la guerre de 1914, il apparut qu'elle était très déficitaire si bien que la ligne fut fermée le 31 mars 1934.

Ces lignes possédaient plusieurs caractéristiques telles que :
- l'importance de la gare de départ et des ateliers
- certaines sections sont sur la chaussée
- de nombreux ouvrages d'art jalonnent un tracé sinueux

La ligne Monsols vers saint Igny de Vers fut construite de 1908 à 1910 et comportera un viaduc.

Parmi les ouvrages d'art, il faut mentionner sur la ligne de Monsols, les viaducs de Villefranche, de Salles-Arbuissonnas, de Beaujeu.

Le viaduc de Beaujeu a été construit juste au dessus du Quartier du pont Paradis et donc au dessus de la maison de la famille de Jean-Marie. Peut-être lui-même, en tant que maçon a-t-il participé à cette construction. *Le pont Paradis enjambait depuis bien longtemps l'Ardières lorsque le viaduc du chemin de fer vint le surplomber. En 1823, le cadastre de Beaujeu mentionne déjà son existence.*

Le Beaujolais ruiné par le phylloxéra sera sauvé par un des siens, Victor Pulliat, qui trouve dans le greffage des cépages français sur des racines américaines, le remède tant espéré. Les contemporains souffrent pendant près de trente ans mais les anciennes structures agraires si inégalitaires et les facilités financières de la grande propriété du Beaujolais permettent au vignoble de sortir de la crise.

Bientôt, les vignerons récoltent les fruits de leur dur travail et acquièrent progressivement leur indépendance et la propriété de cette terre où ils ont laissé tant de sueur depuis des générations.

A l'arrivée du 20ème siècle, survient la crise de surproduction viticole, directement liée à la crise du phylloxéra et à l'acharnement à replanter massivement cette vigne qui a tant fait défaut.

Puis va venir le temps de la « Grande Guerre » avec ses départs massifs pour le front et des retours qui n'auront pas lieu.

1898 L'écrivain Emile Zola publie dans le journal « l'Aurore » une lettre ouverte au président de la République Félix Faure ayant pour titre « J'accuse »

1898 paraît une loi sur les accident du travail établissant la responsabilité patronale

1898 Fondation de la ligue des droits de l'Homme

1899 Dépot d'un brevet sur l'aspirine par le chimiste allemand Felix Hoffmann du laboratoire Dreser.

1900 – Marie la sœur de Benoîte avait choisi cette date symbolique pour se marier. Née le 12 janvier 1873, cuisinière, elle s'est mariée le 2 août avec Antoine Chamonard, maréchal-ferrant, du même age qu'elle, à Belleville.

1900, c'est l'année en outre de l'Exposition Universelle de Paris, et de l'ouverture de la première ligne de métro parisien.

1901 - Au Quartier du Pont Paradis habitent Jean-Marie, Benoîte, Antoine 15 ans, Jeanne 14 ans, Jacques 10 ans, Louis-Antoine 7 ans. Cette année le 9 avril, naît Joseph. Il sera le dernier enfant de la famille.

1901 Jacques, le fils Mathieu habite place du quartier de la fontaine à Beaujeu.

La fontaine Clémentine trône au milieu de la place du même nom et est une source d'alimentation en eau primordiale. Cette fontaine a été déplacée plusieurs fois au fil du temps. Elle avait été érigée en 1831 grâce à une aide financière du roi Louis-Philippe et de sa fille Clémentine.

Le 1er juillet 1901 Waldeck-Rousseau met en place une loi sur les associations dite Loi de 1901

Le 29 septembre 1902 voit la mort d'Emile Zola, 4 mois après la fondation du parti socialiste.

1903 : départ du 1ᵉʳ Tour de France en vélo avec 60 coureurs
1904 : inauguration de la Foire de Paris, elle accueillera 700 000 visiteurs
1905 : loi sur la séparation de l'Église et de l'État

Les années qui vont suivre vont être particulièrement perturbées pour l'ensemble des membres de cette famille.

Le décès de Jean-Marie en 1905 va être la source de nombreux traumatismes.
En 1905, Antoine, le fils de Jean-Marie a 19 ans et habite rue de la Liberté. C'est une rue très animée qui regorge de commerces en tous genres.
1905 – La durée du service militaire est fixée à 2 ans.

1905 –Jean-Marie décède le 28 mai un dimanche à 17 heures à son domicile. Pierre Félix, mari de Pierrette la sœur de Benoite sa femme fera la déclaration de décès à la mairie.

Une semaine plus tard, Jeanne, la fille de Jean-Marie, se marie, à 18 ans, le 7 juin 1905 avec Jean Béranger, marchand forain, né à Tapoas le 24 mai 1880. demeurant à Belleville. On peut s'imaginer dans quel esprit s'est déroulé ce mariage.

Le malheur se poursuit car 3 mois plus tard, le 6 octobre, Benoîte perd son dernier fils Joseph.
1905 fut une année maudite.

Le mariage de Jeanne se passe mal. A 19 ans, elle est ménagère au 21 rue Casimir Perrier à Lyon.
Elle accouche sous son nom de jeune fille à l'hôpital de la Charité à

Lyon 2ème le 29 janvier 1907, le jour même où elle rentre à l'hôpital, d'un fils naturel qu'elle prénomme Henri. Elle a 20 ans.
Elle ressort de l'hôpital le 9 février.
La déclaration de naissance a été faite par Maximin Blanc 46ans, employé de la Charité et non pas par le mari.
Un procès verbal d'abandon a été dressé.
Son fils Henri fut placé dans des familles dès sa naissance.
On note les passages dans les familles suivantes :
Le 28 février 1907 chez Emile Planchon à Dornas en Ardèche,
Le 29 janvier 1920, chez Albert Charra à Gluiras en Ardèche,
Le 25 mars 1921, chez Pierre Morel, à Suze
Le 30 août1922, chez Paul Moulin à Ourches dans la Drôme,
Le 25 mars 1924, chez Louis Gervil à Livron dans la Drôme,
Le 25 mars 1925, chez Antoine Chabert à Livron dans la Drôme,
Le 13 septembre 1927, il est appelé au 150ème Régiment d'Infanterie à Diez dans l'armée du Rhin.

Jeanne retourne à Beaujeu vivre chez sa mère. Elle est séparé de son mari. Son mariage aura été un échec. Mais elle est gravement malade.
Elle meurt le 14 novembre 1910 à l'Hôpital de Beaujeu, elle a 23 ans
Son mari se remariera à Villefranche le 3 juin 1911 avec Marie Pouer, 6 mois seulement après le décès de sa femme Jeanne. Il décédera à Lyon 3 le 2 novembre 1947.

Le 22 mars 1910, le Sénat vote après les députés la loi sur les retraites ouvrières et paysannes. Promulguée le 5 avril suivant, elle prévoit le versement d'une pension à partir de 65 ans.

En 1906
La catastrophe des Courrières eut lieu le 10 mars 1906. Tristement célèbre pour être la pire catastrophe minière d'Europe, elle est le résultat d'un coup de grisou suivi d'un coup de poussière dévastant 110 kilomètres de galeries. On a dénombré 1 099 morts. Treize

rescapés finiront par ressortir de la mine par leurs propres moyens, vingt jours après la catastrophe.

Un séisme à San Francisco entraînera la mort de 1000 personnes

L'année 1907 fut particulièrement riche en aléas climatiques dans la France entière. A Beaujeu à la fin du mois de juillet de 1907, un terrible orage charria boue et terres dans les rues de la ville.

1907 peu après l'accouchement de sa sœur, en octobre, Antoine, qui habitait rue de la Liberté à Beaujeu et exerçait la profession de cocher après avoir été agriculteur et maçon, entre au 10ème Cuirassiers à Lyon sous le matricule 1088.
Antoine mesure 1m73, il a les yeux marrons et les cheveux clairs.
Il est proposé pour le service auxiliaire par la commission spéciale du Rhône le 3 avril 1908 et classé dans ledit service pour « otite moyenne chronique ancienne à droite avec perforation de la membrane » . Réformé n°2 (maladie non imputable au service)[37]
Dans les faits il est réformé pour soutien de famille.

Le 28 décembre 1914 il habitait avec sa mère Benoîte, Place de l'église à Beaujeu quand il fut rappeler par l'armée. Ce rappel l'a profondément perturbé.
Il passa au Conseil de révision du Rhône du 28 décembre 1914 pour être affecté au 10ème Régiment de Cuirassiers le 20 février 1915 (il a 29 ans), puis il passe au 17ème Régiment d'Infanterie le 29 juillet 1915.
Il est fait prisonnier de guerre le 25 juillet 1918 lors du violent combat de Saint Hilaire le grand (Marne), c'était l'une des dernières batailles de la guerre.
Interné derrière les lignes, il est rapatrié d'Allemagne le 12 décembre 1918 puis envoyé en congé illimité de démobilisation le 4 avril 1919

---

37 Boulanger Philippe *« Les conscrits de 1914 : la contribution de la jeunesse française à la formation d'une armée de masse »*, Annales de démographie historique 1/2002 (n° 103), p. 11-34. Pour en savoir plus sur le recrutement des classes 1914 à 1922, avec analyse et statistiques très complètes.

par le 158ème Régiment d'Infanterie.

Il décède le 18 novembre 1919 à Lyon 7ème, au quartier de la Guillotière, il avait 33 ans.

Sur son acte de décès on lit les mentions suivantes :

« *Le 18 novembre 1919 à 2 heures au baraquement Wilson, chemin du Moulin à Vent, est décédé Saby Antoine, maçon, né à Beaujeu. Antoine était célibataire.*

Dressé le surlendemain à 15h sur la déclaration de témoins majeurs, Saby Jacques 28 ans, ferblantier-zingueur, frère du défunt et de Chamonard Tony 43 ans, forgeron 112 rue de St Cyr à Lyon, oncle du défunt (c'est le mari de Marie la sœur de Benoîte sa mère) . »

Il est mentionné pour faits d'armes contre l'Allemagne du 20 février 1915 au 4 avril 1919.

Antoine est enterré au cimetière de la Guillotière à Lyon.

Ainsi peu de temps après son retour de la guerre, il commença un métier de maçon. Sa décision fut de travailler sur Lyon. Le quartier de la Guillotière est depuis des décennies le lieu d'installation des maçons auvergnats, et plus généralement la plus forte concentration de main-d'oeuvre du batiment . La Guillotière constitue le coeur du monde de la maçonnerie. Où se concentrent aussi les « gargotes » et les cafés tenus par des maçons limousins ou auvergnats comme le café Règue rue Passet, les cafés Denizou et Briffaud tous deux rue Villeroy ou encore le café Boulègue rue Paul Bert. La mutiplication des cafés allait aussi de pair avec une augmentation de l'alcoolisme populaire. Cependant, les logements étant exigus et insalubres, les cafés constituaient des lieux de substitution qui offfraient un espace à de multiples activités comme des réunions syndicales ou politiques, la célébration d'un mariage, ou simplement la recherche d'un travail ce qui ne posait pas de problème car à cette époque Lyon était en profonde mutation avec d'importants chantiers.

Ainsi curieusement Antoine est venu rejoindre la communauté des maçons de son grand-père Mathieu jusqu'à cet accident mortel la nuit du 18 novembre.

1908 Ford sort le Model T qui sera construit à plus de 15 millions d'exemplaires.
1908 Création du F.B.I par Charles Bonaparte ministre de la Justice sous Théodore Roosevelt

1909 – Au moment où Antoine est réformé pour chargé de famille, son frère Jacques s'engage volontairement dans l'armée en octobre, sous le matricule 606, il a 18 ans. Ce choix peut exprimer une grande détresse sociale dans cette famille, des difficultés de trouver du travail ou simplement Antoine répond à un appel de l'armée.

Jacques fait 1m71, a les yeux bleus et les cheveux châtain foncé.
Il s'engage pour 5 ans le 29 octobre 1909 à la mairie de Beaujeu au titre du 8ème Régiment de cuirassiers puis passe au 6ème régiment de Cuirassiers le 6 octobre 1912. Il est blessé le 29 août 1914 à Fontaine les Pernes. Il est fait prisonnier le 2 septembre 1914 et interné à Alten Grabow, vaste camp de prisonniers près de Magdebourg en Saxe à environ 90 km de Berlin - A cette date il y avait 125 000 prisonniers français. Il est rapatrié le 21 janvier 1919 et passe au 7ème Régiment de Cuirassiers le 11 avril 1919, puis au 4ème Régiment de Cuirassiers le 5 juillet 1919.
Il a obtenu une pension temporaire de 10% en date du 8 octobre 1931 pour un reliquat de fracture bis-malléolaire de pied droit, empâtement de la malléole interne avec légère déviation du pied, cicatrice face antérieure du bras gauche. Il est malgré tout maintenu en service armé.
A la fin de l'année 1919, le jeudi 11 décembre, un mois après le décès de son frère Antoine, il se marie à Saint Didier sur Beaujeu au lieu des Dépôts avec Valentine Deborde (elle porte le même patronyme que sa grand-mère, la femme de Mathieu, mais n'est pas issue de la même branche généalogique). Valentine, née le 7 août 1898, est la fille d'Antoine Deborde ouvrier papetier et d'Eugénie Perret.
Le 9 septembre 1920 naîtra un fils Gaston qui décédera à l'âge de 57 ans. De son mariage avec Suzanne naîtront deux filles.

En 1922 Jacques assistera au mariage à Saint Didier sur Beaujeu de son frère Louis-Antoine avec Jeanne Renaud.

Jacques quittera provisoirement Beaujeu pour habiter en 1923 à Thizy, au 35 rue de Vaise, avant de revenir à Saint Didier sur Beaujeu en 1927. Il repart à Thoissey dans l'ain en 1930 puis à Trévoux, 4 route de Jassans avant de revenir habiter définitivement au lieu dit les Dépôts à Saint Didier sur Beaujeu.

Jacques, identifiable par sa grosse moustache et sa pipe, décédera le 10 février 1975, et Valentine sa femme le 27 avril 1984.
Tous les deux sont enterrés au cimetière de Saint Didier sur Beaujeu, ainsi que plus tard leur fils.

Interrompons-nous un peu pour comprendre comment était Beaujeu en 1911[38].

La population globale était formée de 955 ménages logeant dans 628 maisons. Beaujeu comptait à cette date 2829 habitants.
La population est majoritairement originaire du Rhône.
1210 personnes sur 2356 sont nées à Beaujeu, les départements limitrophes comme l'Ain, la Loire et la Saône et Loire apportent 247 personnes. Parmi les 226 personnes restantes qui viennent de 34 autres départements, on peut compter 50 « maçons de la Creuse ».
La culture avec 20 fermiers et 60 cultivateurs et la viticulture avec ses 40 propriétaires récoltants et ses 70 vignerons, font travailler près de 100 journaliers et domestiques, 25 tonneliers, des maréchaux ferrants, des charrons...

Les artisans du bâtiment se décomposent en plusieurs catégories ; on compte ainsi 1 entrepreneur, 15 maçons, 10 charpentiers, 11 menuisiers.
Dans le bourg on recense 11 bouchers, 9 charcutiers, 5 meuniers, 16 boulangers, 17 épiciers, 10 cuisinières, 22 cafetiers.
Complétant ces commerces il faut bien entendu préciser qu'il y avait seulement 4 médecins et 2 pharmaciens.
Les 10 sabotiers et les 20 cordonniers se répartissaient dans le village, comme les 40 couturières, les 10 coiffeurs, les chapeliers.
N'oublions pas non plus les instituteurs, les facteurs, les employés des chemins de fer car à cette date il y avait deux gares en activité à Beaujeu.
Certaines personnes sont souvent oubliées dans les statistiques, ce sont les religieux, le personnel de l'hôpital, les domestiques, les laveuses, et toutes ces personnes qui exercent des petits métiers ou des métiers de survie.

---

38 Travaux de recherche de André Augendre
Source:Histoire et Généalogie en Beaujolais, bulletin n°15

Depuis l'arrivée de Mathieu à Beaujeu, les membres de cette famille ont principalement habité le quartier de la mairie et le quartier du pont Paradis, situé juste à coté du premier cité.

Ces quartiers étaient composés en 1911 de 37 maisons et 74 ménages.

Au total 211 personnes habitaient ces deux quartiers.

Benoite a habité quelques années le quartier de l'Église, il y avait à cette époque 97 personnes, composant 39 foyers, dans 25 maisons.

A la fin de sa vie Benoite a habité le quartier de la gare. Il y avait 40 maisons, pour 185 habitants.

Le quartier le plus peuplé à Beaujeu était le quartier du faubourg avec 422 personnes réparties dans 72 maisons.

L'Hospice recueillait 35 personnes et les maisons d'éducation et de pensionnat 26 personnes.

Tous ces chiffres demandent à être relativisés car lors du recensement certaines personnes manquant (moins d'une centaine) et une soixantaine de personnes étaient comptées à part.

Revenons à Louis-Antoine.

Louis-Antoine est le plus jeune des fils de Jean-Marie et de Benoite.
Il est né le 30 janvier 1984 à Beaujeu.
Un peu plus de 2 ans après son frère Jacques, il s'engage lui aussi le
10 janvier 1912, il a alors 18 ans.
Jacques est à ce moment là au 8ème Régiment de Cuirassiers.
Antoine le frère aîné est retourné à Beaujeu.
Louis-Antoine a un niveau d'instruction correct pour l'époque. Il
mesure 1m75, il a les yeux gris clair et les cheveux châtains.

Il intègre le 10ème Régiment de Cuirassiers à la caserne de la Part-
Dieu à Lyon sous le matricule 788. Il est cavalier de 2ème classe.

*Les casernes[39] de la Part-Dieu ont été construites sur le terrain de
l'ancienne redoute de la Part-Dieu acheté par l'état en 1844. Le
terrain de 22 ha pouvait accueillir 3040 hommes et 1628 chevaux.
Elles hébergeront successivement des régiments de cavaliers (7e, 9e
et 10e régiment) et le 2e régiment de dragons.
En un siècle de nombreuses unités de cavalerie y ont stationné :
Cuirassiers : 11° et 12° RC (1874-1880), 4° et 9° RC (1880-1889),
5° et 8° RC (1889- ?), 7° et 10° RC (? - 1914)
Hussards : 5° et 10°RH (1874-1877), 3° et 8° RH (1878- 1893)
Dragons : 2° dragons (- 1914).
Avant 1914 dragons et cuirassiers se partagent le quartier avec le
14° escadron du Train.*
(Louis-Antoine passera au 14ème escadron du train le 4/05/1920)

*Le 2° Dragons est logé dans les bâtiments côté rue Garibaldi, les 7°
et 10° Cuirassiers sont plus à l'intérieur du quartier.
Le quartier possède une zone d'embarquement par voie ferrée côté
Est.*

---

39 http://www.museemilitairelyon.com/spip.php?article67

Le quartier a également abrité par la suite entre les deux-guerres : à nouveau le 9° Cuirassiers , le 5° bataillon de dragons portés, groupes d'auto-mitrailleuses, compagnies d'artillerie du 54°RA, chasseurs cyclistes, escadrons du train, intendance, gendarmerie mobile.

Le 10ème régiment de cuirassiers est un ancien régiment de cavalerie de l'armée française créé en 1643 sous le nom de Régiment Royal-Cravates cavalerie.

1643 : création d'un régiment de Croates par le comte Jean de Balthazard au service de l'armée royale, qui prendra le nom de Royal-Cravates

1791 : renommé 10ᵉ régiment de cavalerie.

1803 : renommé 10ᵉ régiment de cuirassiers.

1815 : dissous.

1825 : recréation sous le nom de 10ᵉ régiment de cuirassiers.

1919 : dissous.

1940 : recréation sous le nom de 10ᵉ régiment de cuirassiers comme régiment de découverte d'une division légère mécanique

1940 : le régiment est dissous.

1971 : il est recréé comme régiment de réserve.

Le 10ème régiment de cuirassiers, formé à Lyon fait partie avec le 7ème Cuirassiers de la 5ème Brigade, de la 6ème division de cavalerie.

La répartition des engagés volontaires[40] par arme, de 1914 à 1922, révèle les grandes tendances du recrutement des volontaires. En 1914, l'arme qui accueille le plus grand nombre de volontaires est l'infanterie. Les corps d'Afrique, dans lesquels sont envoyés les volontaires d'Alsace et de Lorraine, obtiennent des résultats presque similaires. Ces deux armes incorporent, elles, presque la moitié des contingents de volontaires.

---

40 http://franckdeleyrollgenea.free.fr/cariboost2/cariboost_files/l_e2_80_99engage
ment_20volontaire_201.pdf

La cavalerie est la troisième arme choisie (environ 20%), suivie de peu par l'armée de mer qui incorpore environ 15% des volontaires. L'artillerie représente environ 10% des affectations. Enfin, dans de faibles proportions, le génie et le train comprennent respectivement 2 à 3% des incorporés.

Louis-Antoine intègre le 1er Régiment de Spahis (3ème escadron probable) pour une période de 4 ans le 5 novembre 1913
Il est Spahi de 2ème classe, aide maréchal-ferrant le 21 avril 1914

Au milieu de l'année la guerre fait irruption dans sa vie et prolonge son engagement.
Il est en Algérie du 7 décembre 1913 au 3 juin 1914
Puis il est au Maroc oriental en guerre du 4 juin 1914 au 1 août 1914
Il est blessé et rentre à l'hôpital de l'Oued-Amlil du 9 novembre 1914 au 23 novembre 1914
Il entre aussi à l'hôpital de Fez (Maroc) le 30 juin 1915 d'où il sort le 28 juillet 1915
Il combat contre l'Allemagne du 2 août 1914 au 19 juin 1916
Il obtient la médaille coloniale avec agrafe Maroc, décret du 30 juillet 1915
Sous ce régiment il combat l'Allemagne sur le front français du 30 juin 1916 au 13 décembre 1917
puis il retourne en Algérie du 14 octobre 1917 au 4 mars 1918 au 5ème Régiment de Spahis
Il est Spahi de 1ère classe le 5 avril 1916
Puis il passe au 5ème Régiment de Spahis le 2 octobre 1917
Le 1er Régiment de Spahis[41] a été créé en 1914 par le Maréchal Lyautey à partir d'escadrons mis sur pied en 1912. Régiment à cheval à une période qui devait voir l'abandon progressif de ce type de monture, c'est bien souvent en combat à pied, après un déplacement à cheval, que furent engagés les spahis du 1er régiment.

---

41 http://gallica.bnf.fr/ark:/12148/bpt6k6226635c.r=.langFR

Lors de la première guerre mondiale[42], avec son régiment, il participera activement à la bataille de la Marne avant d'être envoyé sur le front d'Orient.

Au moment du déclenchement de la guerre par l'Allemagne le 2 août 1914, il y avait au Maroc trois escadrons de spahis du 1er régiment, deux autres à Aumale[43] et un à Médéa (ces 3 se situant en Algérie).

Le 5ème escadron du 1er spahis était à Aumale depuis le 20 août 1914 date de sa rentrée de Bou-Denib (région sud du Maroc oriental, Cet escadron quitte Aumale pour Alger le 31 août 1914.

Le 6ème escadron[44] venu d'Aumale également.

Le 1 septembre un peloton du 6ème escadron embarque sur le Carthage et le reste sur la Ville-de-Madrid. Le 6ème escadron arrive à Marseille le 3 septembre et part le 19/09 pour Choisy-le-Roi où il campe. Le 5 escadron participe à la formation du 1er régiment de marche des spahis. Il devient le 1er escadron.

Après avoir combattus contre l'Allemagne sur le front nord, ces deux escadrons repartent au Maroc en mai 1916 pour combattre les Beni-Ouarain, les Beni-M'Tir, entre autres..

Les 1er et 4ème escadrons sont au Maroc dès 1914. Leur théâtre d'opération est celui des 4ème et 5ème escadrons. Le 4ème escadron quitte le Maroc pour le front en France, en septembre 2015 pour embarque pour Alger le 7 octobre 1917, puis se dirige à Aumale puis à philippeville d'où il repart pour Marseille en août 1918.

Le 3ème escadron était au Maroc lors de la déclaration de guerre. Il poursuit l'oeuvre entreprise malgré la réduction sensible des effectifs car le front de France demande le maximum de forces.

En janvier 1916, l'escadron commandé par le capitaine Widolff embarque à Casablanca pour Marseille et cantonne à Clairoix dans l'Oise comme 3ème escadron du 7ème de marche.

---

42 http://lagrandeguerre.blog.lemonde.fr/2014/10/24/le-maroc-dans-la-grande-guerre/#comment-461

43 Aumale : de1845 à 1962 la ville était rebaptisée Aumale en hommage au Duc d'Aumale, fils de Louis-Philippe. C'est uen ville de la Kabylie située au nord de l'Algérie. Aujourd'hui Sour El-Ghozlane (rempart des gazelles)

44 Les 5ème et 6ème escadron sont sous les ordres du chef d'escadron Lardinois

L'escadron revient à Médéa (en Algérie) en octobre 1917. Le 15 février 1918 le 3ème escadron devient le 9ème escadron.

Le 9ème escadron s'était formé à Aumale le 11 juin 1915. Il embarque pour Marseille le 12 juillet 2016, puis séjourne dans la région de Toul jusqu'à fin janvier 1917. En octobre 1917 il part pour Alger et est affecté aux places de Laghouat, Téniet-el-Haâl et Djelfa. Le 1er escadron est à Médéa en janvier 1918, il est désigné pour le détachement français de Palestine, Syrie. Il devient le 9ème escadron en février 1918 et embarque à Bizerte pour Malte puis Port-Said. Il arrive ensuite à Jaffa et Jérusalem. L'escadron fait partie du régiment mixte de marche de cavalerie, lequel est rattaché à la brigade de cavalerie britannique des 14 et 15 chevau-légers australiens.

Le 2ème escadron quitte Alger le 2 novembre 1914 pour Marseille et part combattre sur le front.

Le 6 janvier 1916 l'escadron retourne au Maroc , il arrive le 21 à Fez et le 31 deux pelotons partent pour l'Oued-Amlil avec la colonne Corbières. Les deux autres colonnes participent à un combat contre les Riatas et les Béni-Ouarain.

Le 8ème escadron est formé le 11 septembre 1914 à Médéa.

Il quitte sa garnison le 23 septembre 1915 et se rend à Bizerte par voie ferrée. Il embarque sur les cuirassés Edgard-Quinet et Waldeck-Rousseau pour Gabès, puis Médénine pour combattre des rébelles du sud tunisien. En juillet 1918 l'escadron est désigné pour partir combattre en France peu avant la fin de la guerre.

Ainsi si l'on se réfère à l'histoire de ces escadrons, Louis-Antoine devait appartenir au 3ème escadron.

Le 3 escadron revient à Médéa en octobre 2017

Louis-Antoine rejoint l'Algérie le 14 octobre 1917.

Il passe ensuite au 5ème régiment de Spahis le 2 octobre 2017 (matricule 24301) avant de passer au 18ème escadron du train le 15 février 1918 puis au 19ème avec lequel il ira combattre en Orient (front de Macédoine). Il part en Orient le 5 mars 1918

Il resta donc en Algérie du 14/10/1917 au 4/03/1918

Louis-Antoine passe au 18ème escadron du train le 15/02/1918
A la D.R.M[45] 92ème compagnie le 17/02/1918
Il part en Orient le 5 mars 1918
Puis il passe au D.I.T 15ème escadron du train, 51ème compagnie
Il est promu brigadier maréchal le 28/12/1918

Réengagement pour 2 ans 10/04/1919
Passe au 14ème escadron du train le 4/6/1920
Passe au 6ème Régiment d'artillerie de Valence .A le 16/07/1920
puis au 54ème régiment d'artillerie de campagne de Lyon
Brigadier maréchal ferrant le dit jour
Louis-Antoine est autorisé à rentrer dans ses foyers[46] le 10 avril 1921

Les dépôt de Remonte Mobile (D.R.M) étaient des établissements dont la tâche principale était de fournir des chevaux pour les unités militaires.
Le dépôt de Remonte Mobile (D.R.M) d'un corps d'armée est commandé par un officier du train, sous les ordres duquel est placé le vétérinaire chargé du service.
La Remonte était présente, dans toutes les colonies et protectorats, quand les armées y étaient présentes. Et la Remonte au Maroc était très conséquente
Louis-Antoine est resté quelques jours jours seulement à la DRM dans l'attente de partir en Orient

Environ 80 000 hommes ont débarqué aux Dardanelles[47] en 1915 et 400.000 autres ont combattu dans les Balkans de 1915 à 1920. Il n'existe pas d'archives individuelles propres aux 500.000 soldats et aux milliers de marins de l'armée française qui ont séjourné en Turquie, dans les Balkans, en Hongrie ou encore en Russie méridionale de 1915 à 1923.

---

45 D.R.M dépôt de remonte mobile
46 Beaujeu ou Saint-Didier sur Beaujeu dans le Rhône
47 http://www.fronts-dardanelles-orient-levant.tk/

En raison des conditions de vie précaires (hygiène déplorable, eau polluée, climat rude, marécages), près de 284.000 soldats ont été malades parmi lesquels 90.000 ont été atteints de maladies contagieuses. Le typhus, la dysenterie mais surtout le paludisme ont fait des ravages. On comptabilise aussi 44.500 soldats blessés au combat.

Le Corps expéditionnaire d'Orient (CEO) est créé en février 1915. Il participe aux combats de Gallipoli et des Dardanelles. En octobre 1915, il devient Corps expéditionnaire des Dardanelles (CED) jusqu'à sa dissolution en janvier 1916.

L'armée d'Orient (AO) est créée à Salonique en octobre 1915. Dans un premier temps, sa mission est de soutenir l'armée serbe, menacée d'anéantissement. Progressivement, elle est renforcée par des contingents étrangers (anglais, italiens, grecs, russes et serbes). En août 1916, l'armée française d'Orient (AFO) est créée au sein du commandement des armées alliées en Orient (jusqu'en septembre 1920). Ces troupes combattent sur le front des Balkans.

Après les offensives victorieuses de septembre 1918 dans les Balkans, l'armée française d'Orient donne naissance à trois groupements : l'armée de Hongrie (mars-septembre 1919), chargée de faire respecter l'armistice et de veiller aux respects des nouvelles frontières ; l'armée du Danube (octobre 1918-janvier 1920), installée en Roumanie et en Russie méridionale pour soutenir les Russes blancs ; le corps d'occupation français de Constantinople (novembre 1920-octobre 1923), chargé de défendre les intérêts français pendant la guerre gréco-turque.

La campagne de Macédoine-Serbie, dite "Front d'Orient" (octobre 1915 – septembre 1918)

En octobre 1915, la Bulgarie alliée de l'Allemagne envahissait la Serbie. Les Français et les Britanniques débarquèrent alors à Salonique en Grèce, pays neutre. Les Italiens devaient les rejoindre par l'Albanie. La Grèce devait sortir de sa neutralité en 1917 et rejoindre le camp occidental. L'armée alliée, dite « Armée d'Orient » sera sous haut commandement français pendant toute la campagne.

La fin de l'année 1915 voit la tragique retraite des Serbes, dont les survivants parvinrent à travers l'Albanie jusqu'à l'île de Corfou où ils furent recueillis par la marine française, et purent ultérieurement réintégrer l'armée d'orient et participer à la victoire finale. De 1916 à 1918 un front défensif fut stabilisé après de furieux combats sur des lieux mémorables, tels que les villes de Florina en Grèce, Monastir (actuellement Bitola) en Macédoine, les cours d'eau Cerna et Vardar.

C'est seulement en 1918 que l'offensive déclenchée le 15 septembre sera décisive, sous le commandement du général Franchet d'Espérey succédant aux généraux Sarrail et Guillaumat. Le front ennemi était enfoncé, la Bulgarie signait un armistice le 29 septembre à Salonique. Poursuivant sa marche à travers l'empire austro-hongrois, l'armée d'orient devait entraîner l'effondrement de celui-ci. L'empereur Charles signa un armistice le 3 novembre. L'Allemagne était menacée au sud. L'armistice général intervenait le 11 novembre.

Le 15 février 1918 Louis-Antoine rentre au 18ème escadron du train
Il passe au D.R.M 92 le 17 février 1918 (note de service du Général
en chef n°35729 du 15 novembre 1917

Il part en Orient le 5 mars 1918
Puis il passe au D.I.T 15ème escadron du train, 57ème compagnie
Il est promu brigadier maréchal le 28 décembre 1918
Il se réengage pour 2 ans le 10 avril 1919
Il passe au 14ème bataillon du train le 4 juin 1920
puis il passe au 6ème Régiment d'Artillerie de campagne basé à
Valence le 16 juillet 1920 date à laquelle il obtient le grade de
Brigadier Maréchal-Ferrant.
Il passe ensuite au 54ème Régiment d'Artillerie de Lyon

Entretemps en décembre*1919 le frère de Louis-Antoine se marie et
un an plus tard naîtra un fils (unique) prénommé Gaston.
En 1921 la mère de Louis-Antoine habite place de la Grenette à
Beaujeu*

Le 10 avril 1921 Louis-Antoine est autorisé à rentrer dans ses foyers
comme Gendarme à cheval à la 7ème Légion[48] de Gendarmerie à
cheval de Mamers dans la Sarthe (les écoles sont implantées à
Moulins, Varennes-sur-Allier, Toul, Mamers, et Strasbourg).
*Les élèves sont revêtu de la tenue bleu clair (toujours en service
dans la gendarmerie).*

---

48 La gendarmerie fut créée en 1792 en s'appropriant les structures existantes de la
   maréchaussée. Elle fut organisée en légions, divisions, compagnies et brigades
   (à raison de 6 à 9 brigades par départements) et vit ses effectifs augmenter
   régulièrement entre 1792 et 1798. C'est un corps militaire dépendant du
   ministère de la guerre et mis à disposition des ministères de la Police et de la
   Justice. Le coup d'état du 2 décembre 1851 et la constitution de 1852 sont une
   étape importante dans son développement. De 1848 à 1853 ses effectifs
   augmentent de 30%. Sur un maillage très dense, plus de 3000 brigades, 19000
   gendarmes à pied et à cheval.
   Ecole préparatoire de gendarmerie de Mamers, Livres annexes de l'élève, Mamers,
   1924, 194 p. [Bib Q 86]

Sur les manches, ils portent un galon en argent à lézarde et une soutache d'ancienneté en or mélangé de soie rouge (dans le même temps, le gendarme porte le même galon mais avec une soutache d'ancienneté en argent mélangé de soie rouge). Tous sont porteurs du ceinturon-baudrier, accordé aux militaires de la gendarmerie

Quelques mots encore sur Beaujeu :
Le 5 mai 1919, une souscription est organisée pour l'édification d'un monument[49] aux morts sur la place de Beaujeu pour honorer les 83 soldats morts lors de la guerre de 14-18.
Le conseil municipal vote ainsi une subvention de 5 000 francs.
Le 15 août 1920, le conseil municipal vote un emprunt de 30 000 francs.
Le 30 mars 1922, les élus décident, après un vote, que l'entrepôt Teillère près de la gare, sera le lieu désigné pour l'emplacement du monument aux morts, les autres lieux possibles étaient la place Clémentine, la promenade de la Blanchisserie.
Le 15 octobre 1922, le conseil municipal revient sur ce choix pour replacer le monument place de la Blanchisserie.
Le 1er juillet 1923, le projet présenté par M.Myard, marbrier à Beaujeu a été choisi. Sa fille, Clémence, seule femme en France, à l'époque, à savoir graver la pierre, gravera les noms. Le sculpteur sera Georges Salendre.
Le dimanche 10 août 1924, sera inauguré le monument aux morts de la guerre à 11 heures 30 après le servce religieux de 8 heures.
A 12 heures 30, il y eu un banquet officiel, salle de la mairie.

Antoine, décédé peu avant, Jacques et Louis-Antoine à Rioz, Haute-Saône, qui eux, avaient fait toute la guerre, sur tous les fronts étaient absents. On n'honore pas ceux qui sont revenus, les laissant à leurs traumatismes.

---

49 Travaux de recherche de Andrée Mathon et Daniel Perrier
Source « Histoire et Généalogie en Beaujolais », bulletin n°15.

Effectuons quelques rappels. Louis-Antoine s'engage le 10 janvier 1912, il a alors 18 ans.

Que s'est-il passé en 1912 ?

En 1912, *la signature du traité de Fès instaure l'installation d'un protectorat français au Maroc. Le sultan Moulay Hafiz s'engage à ne conclure aucune alliance avec un autre pays que la France et à ne contracter aucun emprunt auprès d'une autre puissance. De son côté la France promet de respecter le sultan et la religion musulmane. Les pouvoirs du gouvernement français au Maroc seront détenus par un commissaire général de la République. Le général Lyautey doit remplir cette fonction.* Ce *militaire devient le représentant officiel de l'Etat français en tant que commissaire résident général au Maroc. Il s'est illustré durant les guerres coloniales et connaît bien cette région.*

Louis-Antoine partira au Maroc au sein du 1er régiment de spahis

En 1912 : à 23h45, le paquebot britannique "Titanic" heurte un iceberg au large de Terre-Neuve dans l'Atlantique Nord. Fleuron de la compagnie maritime "White Star Line", le plus grand 269 mètres et le plus luxueux navire du monde était réputé insubmersible. Il sombre en quelques heures entrainant dans la mort 1513 personnes en majorité des hommes et des passagers de troisième classe qui n'ont pu embarquer sur le canots de sauvetage. Le "Titanic" avait quitté Southampton en Angleterre le 10 avril, il devait arriver à New-York le 16.

En 1912, Robert Scott atteint le pôle sud, l'américaine Harriet Quimby devient la première femme à traverser la manche à bord d'un monoplan Blériot.

1912 marque la fin de la bande à Bonnot mais aussi évoque la naissance de l'abbé Pierre (Henri Grouès) fondateur entres autres d'Emmaüs.

1921   Louis-Antoine n'a que 27 ans.

Le mariage de Louis-Antoine et de Jeanne Renaud

En 1921, le médecin Albert Calmette et le vétérinaire Camille Guérin mettent au point le vaccin antituberculeux auquel ils donnent le nom de BCC. Le bacille tuberculeux avait été découvert par Robert Koche en 1882.
Louis-Antoine mourra 19 ans plus tard de la tuberculose.

En allant voir son frère à Saint Didier sur Beaujeu, il fait la connaissance de Jeanne Renaud, née le 14 juillet 1896.
Son père Claude Renaud, né le 29 août 1861 à Matour en Saône et Loire est sabotier à Saint Pierre le Vieux puis à Saint Didier sur Beaujeu et sa mère Marie-Antoinette Perraud, née le 31 mars 1863 à Tramailles est aide de culture. Ces familles, Renaud et Perraud sont installées sur la plateau, dit du Haut Clunisois, au nord de Beaujeu depuis des siècles.
Claude Renaud était grand, 1,83m. Il avait été dispensé de service militaire car son frère Pierre, né le 30 août 1853, était mort au service le 22 novembre 1876 à l'Hôpital du gros cailloux à Paris. Claude mourra en 1939. Marie Antoinette décèdera dix ans plus tard en 1949.
Ce couple avait eu 8 enfants, mais 4 sont morts en bas age.
Jeanne était l'avant dernier enfant mais le dernier, Paul mourut à 2 jours. Ses autres frères et sœurs sont : Marie-Claudine (décédée à 3,5 mois), Claudine (décédée à 3 mois).

Clotilde née le 1er septembre 1888, décédera à 85 ans à Lyon le 16 avril 1973. Elle sera employée à la SNCF à Lyon, « Bureau expédition, messageries, gare Lyon-Perrache », elle restera célibataire. Elle a, entre autres adresses, habité avant 1930 « Chez Mr

Grange, cours Morand, Lyon », « chez Mr Pagnoud, 30 rue des Carmélites, Lyon », au «n°7 puis n°5 bis rue Sébastien Gryphe, quartier de la Guillotière, Lyon »

Frédéric, né aux Dépôts, le 17 juillet 1890, 1.76m, yeux marrons et cheveux châtain, sabotier, arrive au corps le 10 octobre 1911 comme canonnier jusqu'au 8 novembre 1913. Mais il est rappelé le 1er août 1914 au 9ème régiment d'artillerie à pied, puis au 138ème, 416ème et 116ème. Il a combattu contre l'Allemagne du 2 août 1914 au 11 août 1919. Il sera cité à l'Ordre du régiment pour son courage et son sans-froid en particulier le 24 août 1917 pour avoir secouru ses camarades blessés sous un violent bombardement.
Il habitera en 1919 à Lyon 7 rue Sébastien Griphe chez sa sœur Clotilde, puis en 1928 au quartier de la Quillotière et en 1933 rue Chevreuil. Il sera employé des chemins de fer à Lyon. Il décèdera le 28 mais 1965 à Lyon 8ème où il habitait. Il se mariera à Chateney en Haute Saône (entre Matour et La Clayette) avec Claudia Juguet le14 juin 1921.

Jeanne décédera à 2 ans

Joanny, né le 29 juillet 1894 à Beaujeu, 1.75m, yeux châtains et cheveux noirs, électricien selon sa fiche de mobilisation, fera lui aussi toute la guerre de 14-18 s'éteindra à Beaujeu le 11 mai 1968 à l'age de 74 ans. En 1924 il habitera « chez Mr Gonnet » à Ouroux. 1924 c'est l'année de la naissance de Lucien, le fils de Louis-Antoine et de Jeanne Renaud.
Joanny arrive au 59ème Régiment d'Artillerie par anticipation le 9 septembre 1914 au 31 octobre 2014. Il est maintenu en réforme temporaire pour « arthrite sèche du genou » par la commission de réforme de la Seine jusqu'au 24 septembre 1915. Le 3 novembre 1915 il est affecté au 35ème Régiment d'Artillerie de campagne puis au 60ème régiment d'artillerie et enfin au 158ème régiment d'artillerie de tranchée jusqu'au 9 septembre 1919.

Il sera affecté au dépôt agricole (dépôt de cavalerie 14) le 10 mai 1940 au 24 novembre 1940. Il aura fait campagne contre l'Allemagne du 9 septembre 1914 au 9 septembre 1919. Il a été blessé le 27 jnavier 1915 par coup de feu à l'abdomen. « caporal d'un courage exceptionnel, s'est élancé le 1er de la section à l'assaut des tranchées ennemies et recevra une blessure sérieuse » : la Croix de guerre avec palme lui sera attribuée.

Louis-Antoine se marie avec Jeanne Renaud à St Didier sur Beaujeu le 5 août 1922, Jeanne a 26 ans.

A cette date, Mussolini devient Président du Conseil en Italie, Staline devient secrétaire général du Parti Communiste de l'Union Soviétique, le Roi Constantin 1er de Grèce abdique, Mustafa Kemal fait voter l'abolition du sultanat ottoman en Turquie, le protectorat britannique sur l'Egypte s'achève et le pays devient indépendant

Le 24 février 1923 la sœur de Benoite (la mère de Louis-Antoine), Louise, se marie avec Joseph Pierre Marie Berthelier, tailleur d'habits. Ils habiteront Quartier de la mairie à Beaujeu.

Le 19 avril 1924, Lucien, le fils (qui sera leur seul enfant) de Louis-Antoine Saby et de Jeanne Renaud voit le jour à Rioz (Haute Saône)- Louis-Antoine était alors en garnison.
Puis toute la famille va habiter au Péage du Roussillon au sud de Vienne en Isère.

En 1924, Lénine décède. C'est aussi l'année des premiers jeux olympiques d'hiver à Chamonix, de la victoire des fascistes en Italie, des 8ème jeux olympiques à Paris, du cartel de la gauche au pouvoir, du premier tour du monde en avion par « le Chicago » et le « New Orleans » au départ de Seattle.

En 1926 Jacques, le frère de Louis-Antoine, Valentine (la femme de Jacques) et Gaston (leur fils) habite en haut de la ville de Beaujeu. En 1926 Benoite leur mère habite Quartier de l'église à Beaujeu

Louis-Antoine est autorisé le 8 octobre 1928 à se retirer dans ses foyers (il a alors 34 ans) en attendant la liquidation de sa pension
Il obtient son certificat de bonne conduite avant de se retirer à Cornod, canton d'Arinthod (Jura).
Il passe ensuite en domicile dans la subdivision de Lons le Saunier le 8 novembre 1928.
Il est ensuite affecté à la 7ème Légion de gendarmerie le 12 novembre 1928

Il reçoit la médaille militaire le 8 juin 1929

En 1931, Benoite sa mère habite place de l'Hôtel de ville

Il passe dans la réserve le 14 octobre 1932. Il a 38 ans, leur fils Lucien a 8 ans.
Survient alors un grand malheur :

Le 2 mai 1933, sa femme Jeanne décède à l'Hôpital de Villefranche sur Saône d'une péritonite. Elle est enterrée avec ses parents ses frères et sœurs au cimetière de Saint Didier sur Beaujeu.

Louis-Antoine aura été marié seulement moins de 11 ans et n'aura qu'un enfant.
Lucien se retrouve orphelin de sa mère à l'age de 9 ans. Ses liens familiaux seront étroits avec sa grand-mère et ses oncles et tantes.
Seuls membres de sa famille

En 1933, Hitler devient chancelier allemand, suivi par l'incendie du Reichstag et des premiers camps de concentration.

L'année suivante en 1934, Benoîte (mère de Louis-Antoine), décède le 12 février à 22 heures vingt, au 2 rue de la gare à Beaujeu, à l'age de 71 ans. Sa vie aura été émaillée de malheurs surtout depuis le décès de son mari Jean-Marie.

1934 est aussi l'année du décès de Marie Curie qui reçut le prix Nobel de physique puis de chimie, auteur de nombreuses découvertes au sujet des radiations.
Quelles différences de vies entre celle de Marie Curie et celle de Benoîte. Le clivage entre deux mondes, celui des érudits, des savants et celui des gens du peuple qui n'ont pas eu droit à l'accès à l'instruction.
1934, l'aviatrice Hélène Boucher, sept fois championne du monde de vitesse, et auteur du raid Paris-Saigon en 1929, meurt accidentellement à bord d'un Caudron rafal.

Louis Antoine est rappelé en activité le 24 septembre 1938 puis renvoyé dans ses foyers le 9 octobre 1938.
Il est affecté avec son grade actuel dans les réserves d'un corps de son arme d'origine
Il est affecté au dépôt A302 à La Fère près d'Amiens
Le 16 janvier 1940, il a 46 ans, il est rayé du contrôle des réserves de la 2ème Légion de gendarmerie
Il arrive au corps et maréchal des logis (sergent) le 26 janvier 1940

Louis-Antoine est gravement malade
Il entre le 27 janvier 1940 à l'hôpital mixte de Laon, et il en sort un mois plus tard le 27 février 1940
Il est réformé définitif n°2 par la commission de réforme de Laon le 26 février 1940 pour présence de B.K dans l'expectoration après examen bactériologique (tuberculose)
Il est intransportable, et réintègre sa subdivision d'origine le 17 juin 1940.
Il est envoyé à l'hôpital de Chauny où il décédera. Il a 46 ans.

Il repose au cimetière de Chauny

Louis-Antoine aura eu une vie très difficile. Il aura beaucoup voyagé et aussi et surtout il aura participé aux combats au Maroc, en Algérie, à la bataille de Verdun, aux combats de l'Armée d'Orient.

Se sachant gravement malade en 1939, Louis-Antoine inscrit son fils à l'école de la Marine Nationale de Lorient ; quand Lucien y rentre le 5 avril 1940, il a 16 ans.

A 18 ans, en 1942, Lucien rentre à l'unité de la marine d'Alger, puis séjournera au Sénégal, au Maroc, en Mauritanie, à Madagascar. Il quittera la Marine Nationale en 1949 à 25 ans (Louis-Antoine quitta l'armée pour rentrer à la Gendarmerie en 1921, à 27 ans). Lucien quittera définitivement la Marine (périodes militaires) en 1965, à 41 ans (Louis-Antoine a été libéré de ses fonctions au sein de la Gendarmerie en 1939, à 45 ans).

On assiste là à un étonnant phénomène de répétition de scénarios de vie.

Lucien est immatriculé à Toulon sous le numéro 4137T42, il sortira
Second Maitre Mécanicien.
Les batiments et corps servis ont été les suivants :
L'EAM Lorient -Toulon du 8 avril 1940 au 1er avril 1942
L'Unité M arine Alger du 1er avril 1942 au 17 octobre 1942
Escorteur L'Angèle Perez du 17 octobre 1942 au 7 mars 1944
DP Dakar (Arroyo) du 7 mars 1944 au 21 décembre 1945
Le 5ème dépôt du 21 décembre 1945 au 1er avril 1946
Le Malin (croiseur léger) du 1 avril 1946 au 9 mars 1948
Ville de Reims du 9 mars 1948 au 11 avril 1948
UM Diégo Suarez du 11 avril 1948 au 25 décembre 1948
Retour de Madagascar sur le Compiègne après un accident
Compiègne du 2 décembre 1948 au 17 janvier 1949
Dépôt Toulon 17 janvier 1949 au 1 mai 1949
Dragueur Armoise du 12 mai 1953 au 31 mai 1953
Porte-Avions Lafayette du 14 mai 1958 au 31 mai 1958 (au moment

du Putch d'Alger)
Retour à Marseille
Escorteur d'escadre Vauquelin du 5 octobre 1964 au 20 octobre 1964
Lucien passe second maitre 1ère classe le 1ᵉʳ octobre 1965
Sa carte de combattant porte le numéro 4367
Il a obtenu la Médaille d'Honneur des combattants de moins de 20 ans- Titre de Reconnaissance de la Nation n°1044.

Lucien se marie le 18 juin 1948 avec Colette Brouet, née le 3 août 1926 à Paris 14.
Le 11 janvier 1950, Lucien et Colette aura une fille née le 11 janvier 1950
Deux plus tard naitra un fils le 26 mars 1952
Un troisième enfant naitra, une fille le 25 juin 1956.
Lucien travaillera à l'EDF (Compagnie Electricité de France) à la centrale hydroélectrique de Cusset à Villeurbanne.
Ils habiteront à Villeurbanne et prendront leur retraite en Ardèche du sud.

La vie à cette époque

Dans les pages précédentes se sont enchaînés rapidement des noms, des dates, des évènements. Pour comprendre tous ces faits il est nécessaire de s'immerger au sein de cette époque. Il n'a pas été possible de le faire au cours de cette narration pour ne pas casser le rythme et l'enchaînement de cette saga familiale. Néanmoins pour alimenter et faciliter la réflexion du lecteur, nous allons lui apporter a minima quelques éléments.

Les lignes qui vont suivre n'ont pas la prétention de raconter quelle fut la vie d'autrefois, il s'agit simplement d'un survol rapide du paysage social et local d'une époque vieille de seulement un peu plus d'un siècle.

Attachons nous simplement à étudier que fut la vie des enfants de Jean-Marie et de Benoîte, c'est à dire Antoine, Jeanne, Jacques et Louis-Antoine. Ces enfants ont vécu au début de ce siècle et subirent dès leur sortie de l'adolescence au choc traumatisant de la 1ère guerre mondiale, guerre à laquelle ils ont activement participé.

N'oublions pas qu'à cette époque la majorité civile était fixée à 21 ans et non à 18. Le service militaire auquel était astreint les hommes durait 2 ans après avoir été de 3 ans. Les femmes n'allaient pas à l'armée et ne votaient pas encore.

Partout dans les villages l'école publique s'est imposée sous l'impulsion de l'État.

Les enfants étaient habillés de la même façon, simple, fonctionnelle sans effet de mode. Ils portaient des galoches, des chaussettes en laine, une culotte courte coupée au dessus du genou, une blouse en coton, une cape chaude, une écharpe, un grand béret, des cheveux coupés très courts pour éviter les poux, un cartable en tissu.

Deux sociétés à travers l'école se disputaient la mainmise sur la jeunesse de l'époque, l'école confessionnelle d'un coté, l'école publique de l'autre. A la veille de la 1ère guerre mondiale cette division est particulièrement sensible en Beaujolais. Rappelons que la séparation de l'Eglise et de l'Etat instituée par la Loi de 1905 se heurta à de farouches oppositions.

Au début du 20ème siècle la paroisse de Beaujeu, mais aussi toutes les autres paroisses, est encore très vivante.

L'Eglise mettait en œuvre ses activités propres : catéchisme, patronage pour les enfants, kermesses. Elle veillait par tous ces canaux sociaux d'influence à ce que les gens maintiennent actifs tous les principes de vie dictés depuis des générations.

A beaujeu se crée la Société de secours mutuel, prémisse de la future Sécurité Sociale. Cette initiative sociale innovante permet d'aider les anciens élèves de l'école publique.

Des caisses des écoles financée par des dons virent le jour. Des galoches, des blouses mais aussi des repas étaient ainsi fournis aux enfants pauvres.

La vie associative se développa grace à la loi de 1901 donnant la possibilité de créer une association.

Le monde dans lequel vivaient les jeunes des années qui précédèrent et suivirent le 1er conflit mondial était régi par des principes d'ordre et de discipline qui étaient inculqués tant par l'Eglise que par l'école républicaine ainsi que par les pouvoirs locaux, sans oublier le formatage des années passées sous les drapeaux par les jeunes hommes. La société rurale de l'époque était une société d'ordre respectueuse des hiérarchies institutionnelles et sociales à un point que nous avons du mal à imaginer aujourd'hui. Elle prônait des valeurs d'obéissance, de devoir et de sacrifice exaltant les figures du saint et du héros, voire même, coté catholique, du martyr[50].

---

50 Alain de Romefort , Philippe Nicaud- ttps://leblogdes2clochers.wordpress.com

L'école publique développait elle aussi, des valeurs d'ordre similaires à travers l'enseignement de la morale civique.

La société d'avant la 1ère guerre mondiale, avait été profondément blessée par le traumatisme de la défaite en 1970 de la France face à la Prusse et de la perte de l'Alsace et de la Lorraine qui en résulta. C'était aussi du coté des catholiques et des «élites» rurales, souvent monarchistes, une société marquée par le choc de la Révolution Française ainsi que par celui de la Commune de Paris.

Le sentiment patriotique était profond. Cela explique probablement l'engagement dans l'armée de Louis-Antoine mais aussi avant lui de son frère Jacques.

La jeunesse rurale était physiquement confinée dans son environnement local immédiat faute de moyens de déplacement.

Les moyens de locomotion n'existaient pas. La plupart des routes étaient encore en terre. Seuls les bourgeois disposaient d'une calèche ou d'un tilbury et très rares parmi eux étaient les propriétaires d'une voiture à moteur. Les paysans allaient le plus souvent à pieds, y compris pour de longues distances. Cette contrainte limitait fortement la mobilité des jeunes au périmètre de la commune ou à celui des villages proches. Les jeunes ruraux restaient donc enfermés dans leur milieu familial qui était aussi leur milieu de travail, là où ils apprenaient sur le tas auprès auprès de leurs pères les métiers de la vigne ou de l'artisanat tandis que les femmes se formaient aux taches ménagères auprès de leurs mères.

Dans cet espace clos les possibilités d'évasions intellectuelles, sportives et de distractions étaient quasi inexistantes. Le patois était encore parlé par le plus grand nombre.

La presse fort peu développée n'était lue que par la bourgeoisie. Le journal souvent circulait de famille en famille. Les nouvelles venaient de l'almanach, des bulletins paroissiaux, et surtout du bouche à oreille. Parmi les almanachs on peut citer l'Almanach du

Père Benoit[51], l'Almanach du Beaujolais, l'Almanach Vermot.

On trouvait dans l'almanach des articles sur la vie politique et internationale de l'époque. Ces articles étaient purement événementiels, sans débat et partage d'opinions.

Les articles étaient illustrés par des dessins. Vingt pour cent des appelés en 1914 ne parlaient pas français mais patois.

Il n'existait pas de presse enfantine en dehors de quelques journaux lus par les enfants des classes aisées ou des images d'Epinal.

Le tour de France de 2 enfants et l'histoire de France d'Ernest Lavisse ont beaucoup contribué à l'appropriation par les jeunes scolarisés à l'école publique d'un récit national fédérateur, renforçant le sentiment d'appartenance à une nation.

Les loisirs n'avaient pas leur place à cette époque. Le monde paysan vivait dans une quasi autarcie. Le pain était souvent produit dans les fours banaux des hameaux. Les familles avaient leur potager, leurs vaches, leurs cochons, leur poulailler.

Les journées de travail étaient très longues autour de 10 à 12 heures de travail. Le dimanche était le repos hebdomadaire.

Tous les ans, vendanges et battages réunissaient la famille et le voisinage et se terminaient très souvent en festivités.

Les cafés étaient très nombreux, c'était le lieu de rendez-vous. Beaujeu en comptait plusieurs dizaines.

On y jouait parfois de la musique. Les cafés des gros bourgs tiraient en partie leur clientèle du public des marchés et des foires, mais aussi du public des funérailles et des messes dominicales avec cette particularité que les femmes allaient à l'église, et les hommes allaient au café.

Le lieu d'échange des femmes était le lavoir, lieu d'échanges informels d'information et d'opinions, l'agora de la ménagère.

---

51 Le fondateur, le Père Benoit était missionnaire des campagnes

Il n'y avait pas de mixité à l'école. Dans les amicales laïques des débuts les filles n'étaient pas admises. Les activités qui leur étaient proposées, portaient sur la couture.

Les activités sportives n'étaient pas encore d'actualité. A Beaujeu l'amicale laïque introduisit le jeu de boules dit « à la Lyonnaise » un peu avant 1914. Cette amicale laique organisa des séances de formation au tir et à l'escrime, comme amorce à la préparation militaire.

A Beaujeu l'école privée et l'école laïque avaient chacune leur fanfare avant la guerre.

Il convient aussi d'évoquer les fêtes religieuses et civiles, les pèlerinages, le 14 juillet, le 11 novembre après la guerre. Dans les villages, depuis longtemps, outre les foires, il y avait le mercredi des Cendres, le mercrdi de la Mi-Carême, la veille de l'Ascension, le veille de la Fête Dieu, le mercredi d'avant la Toussain, le mercredi avant la Saint Nicolas, le marché du mercredi.

Chaque commune a érigé un monument rappelant la mémoire des disparus.

Parmi les rares distractions il y avait «la vogue» annuelle, la fête des conscrits.

Avec les conscrits et les fêtes religieuses les occasions de rassemblement étaient ainsi encadrés par la religion et par l'armée, avec en toile de fond la guerre qui se rapprochait.

Les jeunes des zones urbaines étaient nettement mieux lotis que ceux de la campagne, les transports étaient meilleurs, il y avait des cinémas, plus d'activités, plus de brassages d'idées.

Quoiqu'il en soit, ces jeunesses confrontées au 1er conflit mondial et celles nées juste après ont été des jeunesses volées.

Les traumatismes subient par Antoine, Jacques et Louis-Antoine ont été d'une violence exceptionnelle.

.

On ne veut regarder la société rurale d'il y a un siècle comme ayant été pittoresque, conviviale comme le faisait Georges Sand. Ces aspects en réalité émergeaient simplement d'une réalité plus froide et plus brutale et injuste. A cette époque les relations familiales étaient fortes de même que les solidarités de voisinage, mais ce sont les difficultés qui forgeaient cette ambiance.

On idéalise cette «belle époque» et ces «années folles», mais c'est pour jeter un voile pudique sur la misère du peuple. La valse et le charleston à la veille des massacres de 14-18 puis de ceux de 40-45 ne furent dansées que par les plus riches.

Pour les jeunes générations du début du 20ème siècle, ces jeunes dont on vient de parler dans ce livre, la vie rurale n'a pas été un havre de liberté, le romantisme était absent.
Les jeunesses d'Antoine, Jacques, Louis-Antoine ont été volées. Ils sont revenus de la guerre meurtris comme des milliers d'autres sans recevoir aucune récompense, aucun soutien de la part de la Nation.
A leur retour, ces jeunes furent confrontés à la crise de 1929, aux politiques d'austérité de l'époque, mais aussi par l'espoir soulevé par le «Front Populaire» en 1936. Sans répit, une seconde guerre meurtrière arriva. Louis-Antoine a été rappelé sous les drapeaux et mourra en 1940. Nombre des jeunes gens nés durant et après 1er conflit mondial, comme Lucien le fils de Louis-Antoine, passèrent de nombreuses années sous les drapeaux, connurent la défaite de juin 1940, pour certains de longues années de captivité en Allemagne, pour d'autres le combats dans les rangs de l'armée et de la résistance.

Les générations antérieures ont connu un monde si cruel qu'il est difficile d'en voir les zones ensoleillées.

Arbre généalogique descendant à partir de Mathieu :

o **Mathieu** 26/3/*1833-20/101898* & 1/3/1859 **Jeanne Deborde** 9/8/*1835-16/3/1899*

    o Pierre 31/8/*1862-18/5/1868*

    o Claudine 4/7/*1862-2/8/1864*

    o Hippolyte 23/7/*1865-23/11/1868*

    o Jacques 15/11/*1869-26/5/1917 à 48 ans (1.74m, maçon)*

    o Jeanne 22/12/*1870-5/2/1871*

    o Jeanne-Marie 30/6/1877-30/6/1877

    o **Jean-Marie** 1/12/*1859-28/5/1905* & 14/6/1883 **Benoite Bine** 25/8/*1863-12/6/* 1934 (Jean-Marie : 1.66m, maçon)

        o **Francoise** 15/2/*1896-28/2/1896*

        o **Joseph** 9/4/*1900-6/10/1905*

        o **François** *1901-*

        o **Jeanne-Françoise** *1884-29/4/1886*

        o **Antoine** 24/2/*1886-18/11/1919 (A.C, 1.73m, maçon)*

        o **Jeanne** 24/7/*1887-14/10/1910* & 7/6/1905 **Jean Béranger** *1880-*

            (un fils naturel Henri 29/1/1907)

        o **Jacques** 17/2/*1891-10/2/1975* & 11/12/1919 **Valentine Deborde** *7/8/1898-27/4/1984* – (Jacques 1.71m, ferblantier, A.C)

            o **Gaston** 9/9/1920-1977 & **Suzanne X**

              2 filles

        o **Louis-Antoine** 30/1/*1894-1940* & 5/8/1922 avec **Jeanne Renaud** 14/7/*1896-2/5/1933* (Louis-Antoine militaire puis gendarme, A.C, 1.75m

            o **Lucien** 19/4/1924 & 18/06/1948 **Colette Brouet** **3/8/1926** (3 enfants)

Arbre généalogique horizontal

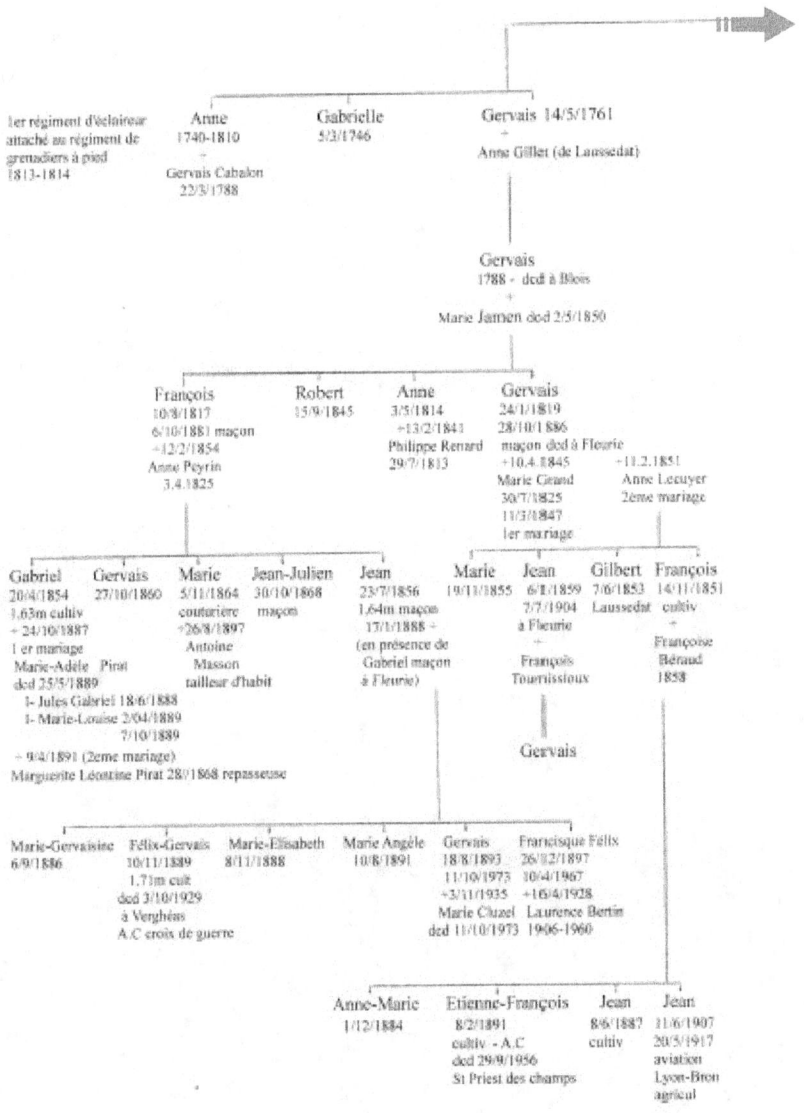

1er régiment d'éclaireur
attaché au régiment de
grenadiers à pied
1813-1814

Anne
1740-1810
-
Gervais Cabalon
22/3/1788

Gabrielle
5/3/1746

Gervais 14/5/1761
+
Anne Gillet (de Laussedat)

Gervais
1788 - dcd à Blois
+
Marie Jamen dcd 2/5/1850

François
10/8/1817
6/10/1881 maçon
+12/2/1854
Anne Peyrin
3.4.1825

Robert
15/9/1845

Anne
3/5/1814
+13/2/1841
Philippe Renard
29/7/1813

Gervais
24/1/1819
28/10/1886
maçon dcd à Fleurie
+10.4.1845
Marie Girand
30/7/1825
11/5/1847
1er mariage

-11.2.1851
Anne Lecuyer
2ème mariage

Gabriel
20/4/1854
1.63m cultiv
+ 24/10/1887
1 er mariage
Marie-Adèle Pirat
dcd 25/5/1889
1- Jules Gabriel 18/6/1888
1- Marie-Louise 2/04/1889
7/10/1889
- 9/4/1891 (2eme mariage)
Marguerite Léontine Pirat 28/1/1868 repasseuse

Gervais
27/10/1860

Marie
5/11/1864
couturière
+26/8/1897
Antoine
Masson
tailleur d'habit

Jean-Julien
30/10/1868
maçon

Jean
23/7/1856
1.64m maçon
17/1/1888 +
(en présence de
Gabriel maçon
à Fleurie)

Marie
19/11/1855

Jean
6/1/1859
7/7/1904
à Fleurie

François
Tournissioux

Gilbert
7/6/1883
Laussedat

François
14/11/1851

Françoise
Béraud
1858

Gervais

Marie-Gervaisine
6/9/1886

Félix-Gervais
10/11/1889
1.71m cult
dcd 3/10/1929
à Verghéns
A.C croix de guerre

Marie-Elisabeth
8/11/1888

Marie Angèle
10/8/1891

Gervais
18/8/1893
11/10/1973
+3/11/1935
Marie Cluzel
dcd 11/10/1973

Francisque Félix
26/12/1897
10/4/1967
+16/4/1928
Laurence Bertin
1906-1960

Anne-Marie
1/12/1884

Etienne-François
8/2/1891
cultiv - A.C
dcd 29/9/1956
St Priest des champs

Jean
8/6/1887
cultiv

Jean
11/6/1907
20/5/1917
aviation
Lyon-Bron
agricul

157

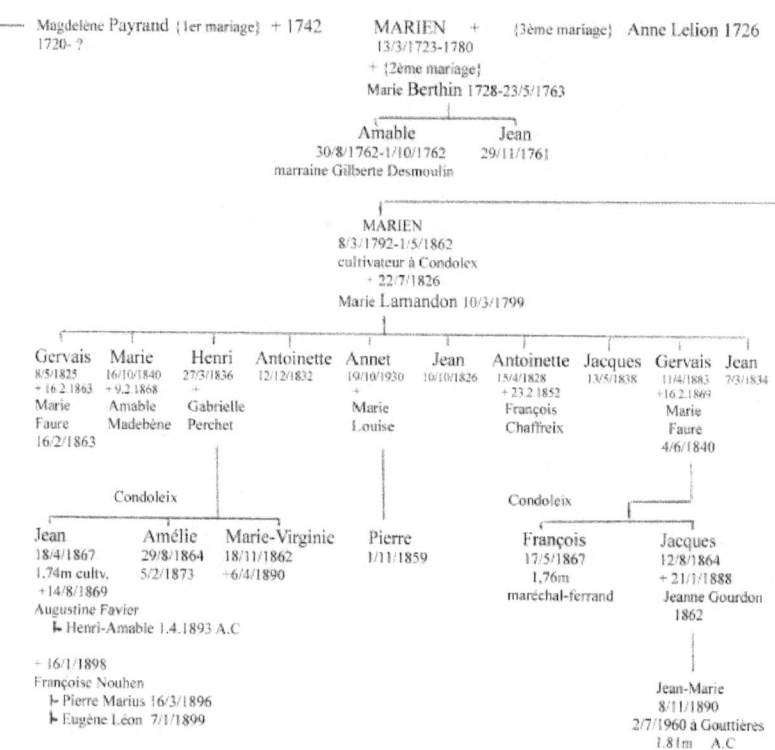

Magdelène Payrand {1er mariage} + 1742 MARIEN + {3ème mariage} Anne Lelion 1726
1720- ?   13/3/1723-1780
                                       + {2ème mariage}
                                       Marie Berthin 1728-23/5/1763

Amable   Jean
30/8/1762-1/10/1762   29/11/1761
marraine Gilberte Desmoulin

MARIEN
8/3/1792-1/5/1862
cultivateur à Condolex
+ 22/7/1826
Marie Lamandon 10/3/1799

Gervais	Marie	Henri	Antoinette	Annet	Jean	Antoinette	Jacques	Gervais	Jean
8/5/1825	16/10/1840	27/3/1836	12/12/1832	19/10/1930	10/10/1826	15/4/1828	13/5/1838	11/4/1883	7/3/1834
+ 16.2.1863	+ 9.2.1868	+		+		+ 23.2.1852		+16.2.1863	
Marie	Amable	Gabrielle		Marie		François		Marie	
Faure	Madebène	Perchet		Louise		Chaffreix		Faure	
16/2/1863								4/6/1840	

Condoleix   Condoleix

Jean	Amélie	Marie-Virginie	Pierre	François	Jacques
18/4/1867	29/8/1864	18/11/1862	1/11/1859	17/5/1867	12/8/1864
1.74m cultv,	5/2/1873	+6/4/1890		1,76m	+ 21/1/1888
+14/8/1869				maréchal-ferrand	Jeanne Gourdon
Augustine Favier					1862

Ⱡ Henri-Amable 1.4.1893 A.C

+ 16/1/1898
Françoise Nouhen
Ⱡ Pierre Marius 16/3/1896
Ⱡ Eugène Léon 7/1/1899

Jean-Marie
8/11/1890
2/7/1960 à Gouttières
1.81m A.C

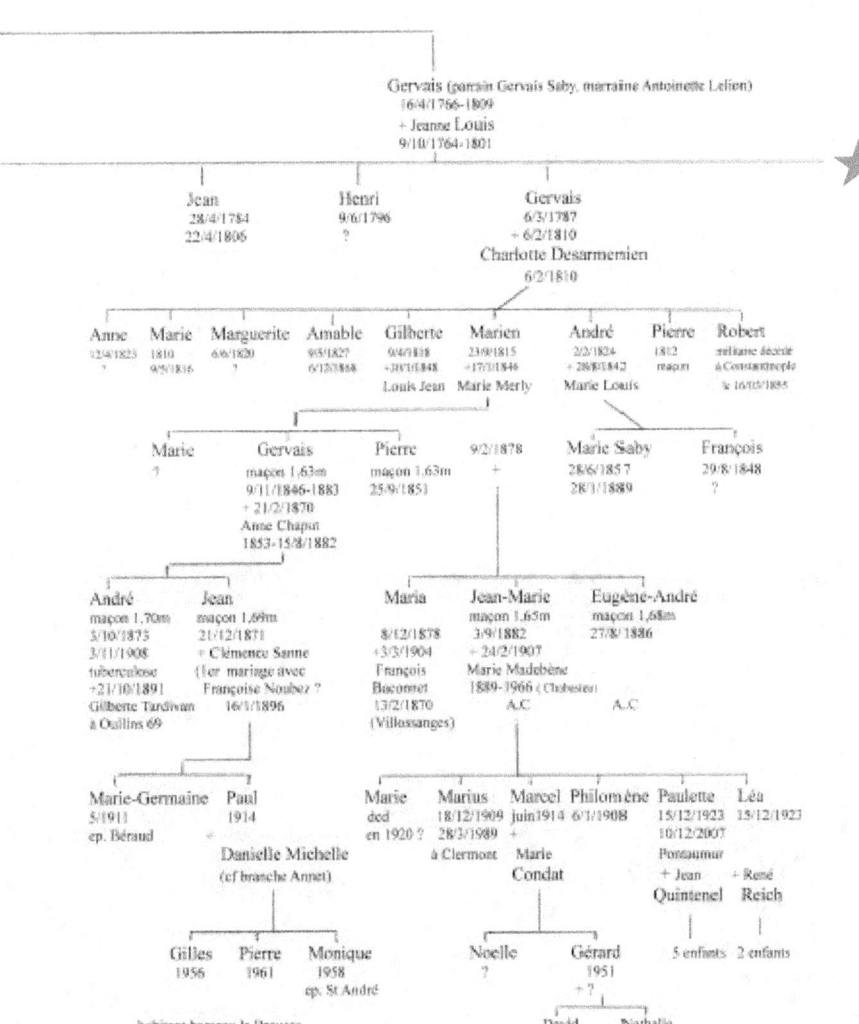

Gervais (parrain Gervais Saby, marraine Antoinette Lelion)
16/4/1766-1809
+ Jeanne Louis
9/10/1764-1801

Jean	Henri	Gervais
28/4/1784	9/6/1796	6/3/1787
22/4/1806	?	+ 6/2/1810

Charlotte Desarmenien
6/2/1810

Anne	Marie	Marguerite	Amable	Gilberte	Marien	André	Pierre	Robert
12/4/1823	1810	6/6/1820	9/5/1827	9/4/1818	23/9/1815	2/2/1824	1812	militaire décédé
?	9/5/1816	?	6/12/1868	+30/3/1848	+17/3/1846	+ 28/8/1842	maçon	à Constantinople
				Louis Jean	Marie Merly	Marie Louis		le 16/10/1855

Marie	Gervais	Pierre	9/2/1878	Marie Saby	François
?	maçon 1.63m	maçon 1.63m	+	28/6/1857	29/8/1848
	9/11/1846-1883	25/9/1851		28/1/1889	?
	+ 21/2/1870				
	Anne Chapin				
	1853-15/8/1882				

André	Jean	Maria	Jean-Marie	Eugène-André
maçon 1.70m	maçon 1.69m	8/12/1878	maçon 1.65m	maçon 1.68m
5/10/1875	21/12/1871	+3/3/1904	3/9/1882	27/8/1886
3/11/1908	+ Clémence Sanne	François	+ 24/2/1907	
tuberculose	(1er mariage avec	Bacomnet	Marie Madebène	
+21/10/1891	Françoise Noubez ?	13/2/1870	1889-1966 (Chabreloir)	
Gilberte Tardivan	16/1/1896	(Villossanges)	A.C	A.C
à Oullins 69				

Marie-Germaine	Paul	Marie	Marius	Marcel	Philomène	Paulette	Léa
5/1911	1914	decd	18/12/1909	juin1914	6/1/1908	15/12/1923	15/12/1923
ep. Béraud		en 1920 ?	28/3/1989	+		10/12/2007	
	Danielle Michelle	à Clermont	Marie		Pontaumur	
	(cf branche Annet)		Condat		+ Jean	+ René
					Quintenel	Reich

Gilles	Pierre	Monique	Noelle	Gérard	5 enfants	2 enfants
1956	1961	1958	?	1951		
		ep. St André		+ ?		

habitent hameau la Brousse

David   Nathalie

159

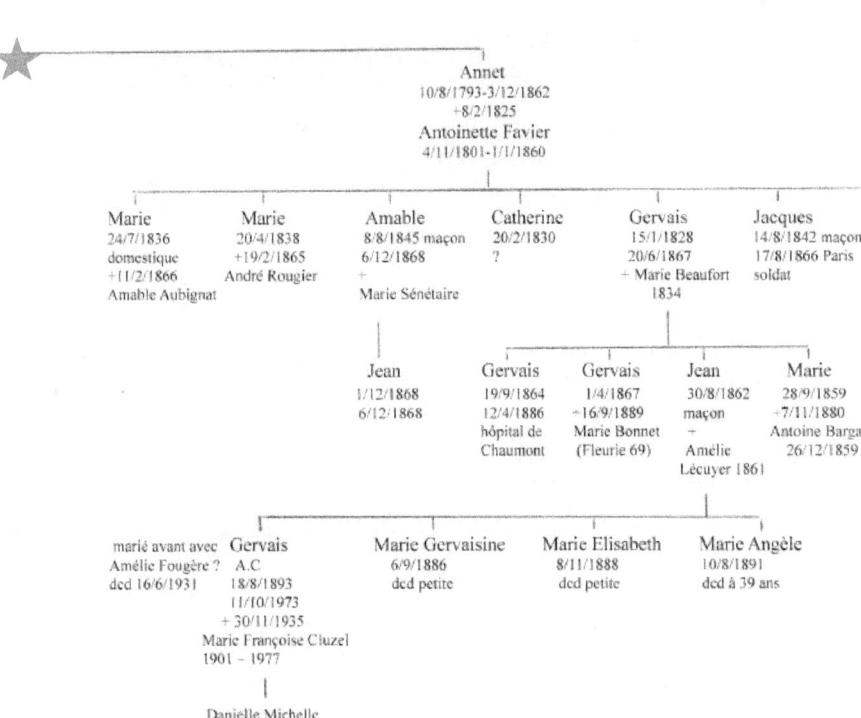

Annet
10/8/1793-3/12/1862
+8/2/1825
Antoinette Favier
4/11/1801-1/1/1860

Marie	Marie	Amable	Catherine	Gervais	Jacques
24/7/1836	20/4/1838	8/8/1845 maçon	20/2/1830	15/1/1828	14/8/1842 maçon
domestique	+19/2/1865	6/12/1868	?	20/6/1867	17/8/1866 Paris
+11/2/1866	André Rougier	+		+ Marie Beaufort	soldat
Amable Aubignat		Marie Sénétaire		1834	

Jean
1/12/1868
6/12/1868

Gervais	Gervais	Jean	Marie
19/9/1864	1/4/1867	30/8/1862	28/9/1859
12/4/1886	+16/9/1889	maçon	+7/11/1880
hôpital de	Marie Bonnet	+	Antoine Barga
Chaumont	(Fleurie 69)	Amélie	26/12/1859
		Lécuyer 1861	

	Gervais	Marie Gervaisine	Marie Elisabeth	Marie Angèle
marié avant avec	A.C	6/9/1886	8/11/1888	10/8/1891
Amélie Fougère ?	18/8/1893	dcd petite	dcd petite	dcd à 39 ans
dcd 16/6/1931	11/10/1973			
	+ 30/11/1935			
	Marie Françoise Cluzel			
	1901 – 1977			

Danielle Michelle

Feuille 4

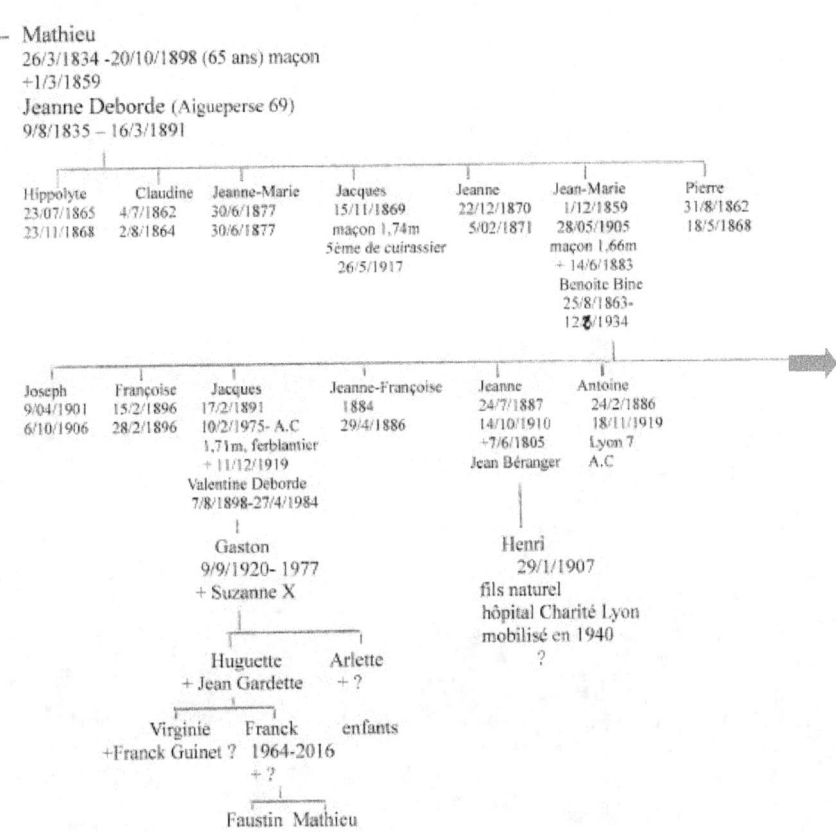

Mathieu
26/3/1834 -20/10/1898 (65 ans) maçon
+1/3/1859
Jeanne Deborde (Aigueperse 69)
9/8/1835 – 16/3/1891

Hippolyte	Claudine	Jeanne-Marie	Jacques	Jeanne	Jean-Marie	Pierre
23/07/1865	4/7/1862	30/6/1877	15/11/1869	22/12/1870	1/12/1859	31/8/1862
23/11/1868	2/8/1864	30/6/1877	maçon 1,74m	5/02/1871	28/05/1905	18/5/1868
			5ème de cuirassier		maçon 1,66m	
			26/5/1917		+ 14/6/1883	
					Benoîte Bine	
					25/8/1863-	
					12/3/1934	

Joseph	Françoise	Jacques	Jeanne-Françoise	Jeanne	Antoine
9/04/1901	15/2/1896	17/2/1891	1884	24/7/1887	24/2/1886
6/10/1906	28/2/1896	10/2/1975- A.C	29/4/1886	14/10/1910	18/11/1919
		1,71m, ferblantier		+7/6/1805	Lyon 7
		+ 11/12/1919		Jean Béranger	A.C
		Valentine Deborde			
		7/8/1898-27/4/1984			

Gaston
9/9/1920- 1977
+ Suzanne X

Henri
29/1/1907
fils naturel
hôpital Charité Lyon
mobilisé en 1940
?

Huguette	Arlette
+ Jean Gardette	+ ?

Virginie   Franck   enfants
+Franck Guinet ?   1964-2016
+ ?

Faustin Mathieu

militaire   Louis-Antoine
gendarme   30/1/1894-1940 Beaujeu
maréchal-ferrand   +5/8/1922 St Didier/Beaujeu
           Jeanne Renaud
           14/7/1896-2/5/1935

         Lucien 19/4/1924
         +18/6/1948
         Colette Brouet 3/8/1926

Claude-Alain	Josiane	Sylviane
26/3/1952	11/1/1950	25/6/1956
+Michele Boisson	+ Alain Merle	+Jean-Michel Blancher

Christèle	Nathalie	Jérôme	Jean-Eryck	Daphné	Sammantha	Sophie-Anne	Pierre-Philippe
			+ Anne Morel		+	+	
			: 2 enfants		2 enfants	1 enfant	

Que sont devenus les membres de la famille de Mathieu après qu'il soit parti ?

Mathieu est parti au milieu du 19ème siècle. Nous avons précisé dans ce livre les dates des décès de ses parents, frères et sœurs.
Mais que savons nous des autres membres hormis les informations données par l'arbre généalogique présenté dans les pages précédentes ?

Les 3 sœurs de Mathieu se marièrent mais vécurent peu longtemps.
Jacques, le frère de Mathieu, qui avait 8 ans de moins, est mort à Paris, à l'age de 24 ans pendant son service militaire.

Amable le dernier des fils, de 11 ans plus jeune que Mathieu s'est marié avec Marie Sénétaire dont il eut un fils Jean.
Amable mourut 5 jours après la naissance de son fils, il avait 23 ans.

Gervais le frère aîné est resté au village de La Brousse. Il a eu 4 enfants avec Marie Beaufort sa femme. L'un des fils, Gervais est mort à 22 ans à l'Hôpital de Chaumont alors qu'il faisait son service militaire.
Un autre fils, prénommé aussi Gervais est parti vivre et travailler à Fleurie dans le Rhône, non loin de son oncle Mathieu à Beaujeu. Jean le fils aîné est resté à la ferme et s'est marié avec Amélie Lecuyer ; ils eurent 4 enfants. Sur 3 filles, deux sont mortes petites, l'ainée est décédée à 39 ans. Le seul fils, Gervais, a vécu jusqu'à l'age de 80 ans. Il a fait la guerre de 14-18 et a été décoré pour sa bravoure. Il se maria avec Marie Françoise Cluzel et eurent une fille Danielle Michelle. Tous demeurèrent au hameau de La Brousse.
La mort a croisé très souvent les frères et sœurs de Mathieu. La famille a été considérablement éprouvée. Si l'un des membres est revenu vivant de la guerre 14-18, deux autres membres, à des

époques différentes, sont morts jeunes durant leur service militaire.

Annet, le père de Mathieu avait 4 frères.
L'un des frères, Gervais eut 9 enfants avec Charlotte Désarménien.
Mais peu vécurent au-delà de l'age de 40 ans. L'un des fils Robert, militaire est décédé à Constantinople lors de la guerre de Crimée.
Pratiquement tous les fils des descendants de cette famille ont exercé le métier de maçon et ont été mobilisés pour faire la guerre 14-18.
Danielle Michelle (voir plus haut) s'est mariée avec un lointain cousin Paul. Ils sont restés vivre dans leur exploitation au hameau de La Brousse. Ils ont eu 3 enfants, dont l'un des fils exploitent la ferme.
Une autre branche familiale issue de Gervais, frère de Mathieu est resté non loin de La Brousse au hameau de Le Prat. L'un des enfants, enseignant, est actuellement 1er adjoint du village de Biollet.
D'autres membres de cette branche généalogique issue de Gervais, frère de Mathieu, sont partis vivre à Pontaumur, Villossanges, Clermont, et un autre à Oullins dans le Rhône où il a été emporté par la tuberculose en 1908.
Marien, un autre frère d'Annet, père de Mathieu s'était installé dans le hameau de Condobex, il eut, avec Marie Lamandon, 10 enfants. Les descendants sont restés dans ce hameau, majoritairement en tant qu'agriculteurs. Les hommes au début du siècle ont aussi fait la guerre de 14-18.

Si l'on élargit encore l'arbre généalogique en partant d'un niveau d'un cian antérieur, on observe qu'une banche familiale s'est développée sur le gros hameau du Puy-Pellat, hameau proche de la rivière bordant la route qui va de Saint-Priest des Champ à Biollet, à deux ou trois kilomètres du hameau de La Brousse. Plusieurs membres étaient soit maçons, soit agriculteurs. Ces hommes ont fait la guerre de 14-18. Ceux qui étaient maçons ont, comme Mathieu, migrés dans le Beaujolais, tous dans le village de Fleurie à quelques kilomètres de Beaujeu.

Ceux qui sont restés dans le pays des Combrailles ont respecté les règles familiales pour ce qui concerne la pérénité des prénoms Gervais, Annet, Marien. Ceux qui ont migrés ont vite modifié ces habitudes.

Si l'on regarde l'ensemble très élargi de cet arbre généalogique, on observe que pendant des decennies leur vie s'est organisée autour du travail et notamment sur les métiers d'agriculteur, maçon puis militaire à la fin du 19ème siècle et début du 20ème siècle.

Les facteurs de stress étaient nombreux avec les nombreux décès des enfants en bas âge, les maladies, les mauvaises conditions d'hygiène, l'alimentation déficiente, les conditions météorologiques extrêmes, les mutations technologiques, l'abandon des patois, les changements d'habitude au sein des villages, les migrations temporaires ou définitives, et bien sûr les guerres qui ont endeuillées de nombreuses familles. Les traumatismes subits par ceux qui sont revenus ont eu des répercutions importantes sur les relations avec les conjointes, les enfants et globalement sur la vie communautaire. Les blessures psychiques ont touché tout le monde, les combattants qui sont revenus, mais aussi les conjointes et les enfants. Durant toute cette période de guerre, les gens étaient maintenus dans un tel état d'hypnose collective que celle-ci s'est maintenue longtemps. Tous ces éléments ont été des freins puissants à leur développement social et culturel. Ces gens des campagnes et ceux qui sont devenus les ouvriers des villes ont été les grands oubliés de la modernisation du pays.

Le souvenir et l'oubli s'inscrivent dans le processus de notre mémoire, c'est à chacun d'entre nous d'établir un équilibre qui soit le moins douloureux possible.

Un roman familial est compliqué, plein de mystères que l'on cherche naturellement à éclairer, encombré de cas perdus que l'on cherche à justifier et à réhabiliter.

Ce livre a été l'occasion de faire renaitre des gens, de les découvrir, de les resituer dans leurs contextes historiques et locaux.

Il a fallu trouver des dates, des métiers. Il a fallu faire des rapprochements, des tris, des juxtapositions, des concordances, des concomitances. Des pistes ont été suivies, des secrets ont été découverts.

Ce décryptage a pris progressivement du sens.

Nous portons des mémoires familiales qui sont inscrites dans la grande histoire et dans un certain contexte socioculturel. Même si nous ne sommes pas obligés de comprendre les émotions se distillent quand même en nous.

Il nous faut pénétrer dans la mémoire collective et donc l'Inconscient collectif défini par Carl Gustav Jung en passant par l'Inconscient personnel. Ces deux couches sont fondamentales pour comprendre la nature d'un arbre généalogique, mais cette information est en filigramme et invisible.

Dans chaque époque traversée il y a des drames et des désordres familiaux qui ont des conséquences sur les générations suivantes. Les traumatismes qui en découlent peuvent se résorber sous des actions extérieures ou se charger d'autres traumatismes.

Nous portons la marque de notre environnement ; nous sommes imprégnés par ce qui constitue les us et coutumes de notre région de naissance et de ses traditions, de son histoire, de l'ambiance du milieu social et culturel dans lequel nous avons grandi. Tout ce bagage est augmenté des empreintes nombreuses des milieux où ont évolué nos ancêtres, enracinés eux-mêmes dans tous ces événements.

Ces histoires locales, régionales, les faits historiques s'infiltrent en nous dès la naissance depuis des racines profondes et nombreuses ; des mémoires de drames et d'injustice s'agitent en nous sans que nous le percevions. Mais tous ces mouvements sont présents.

Le milieu social et culturel de nos ancêtres n'était pas le même que celui de notre enfance. Beaucoup de ces familles ont vécu dans ce qu'on appellerait maintenant des « difficultés économiques », la notion de seuil de pauvreté n'existait pas à l'époque, et nos ancêtres ont mis beaucoup de temps pour atteindre un niveau social plus enviable.

Les descendants ont pu ou non assimiler cette évolution sociale mais il existe très souvent un sentiment inconscient de déloyauté pour avoir dépassés le statut social des origines. Certaines familles se fixent un statut social à ne pas dépasser, c'est souvent le cas des ouvriers, des artisans et des commerçants, et cette situation peut conduire à une névrose de classe assez fréquente à qui veut bien examiner ce phénomène. Cette interdiction correspond à des injonctions parentales qui la plupart du temps ne sont pas clairement énoncées mais couvent sous la cendre de paroles qui visent à décourager certaines initiatives. Comme par exemple une allusion au mal qu'ont eu nos ancêtres pour gagner leur vie peuvent constituer un frein à la progression et au désir d'enrichissement.

Les interdits sont nombreux et partout, même dans les dates, les maladies, les secrets.

Les interdits et les attitudes constituent les maillons d'une chaîne ininterrompue. Pour se libérer de cette chaîne il faut connaître, comprendre, choisir. La liberté est au bout de cette démarche.

Nos ancêtres débarquent chez nous avec leurs bagages, mais nous ne sommes pas obligés de les porter.
(Extrait du livre de Claude-Alain Saby : *Etude d'un cas en psychogénéalogie*)

BEAUJEU (Rhône). - Place de la Liberté

17 - Beaujeu (Rhône) - Place de l'Eglise

Des rôles de l'Inconscient et de l'épigénétique

Les quelques pages qui vont suivre sont un peu particulières.
L'auteur cherche à présenter une autre vision de cette saga au travers de domaines scientifiques facilitant notre compréhension des destins de ces hommes et de ces femmes.

Au 19ème siècle le psychologue Hermann Ebbinghaus écrivit dans *La Mémoire*, que *la plupart des expériences restent cachées à la conscience, mais produisent néanmoins des effets significatifs qui authentifient leurs manifestations passées.*

Ainsi nous pourrions dire que nos activités, nos pensées, nos croyances sont les produits finaux d'activités de notre mémoire et de nos cellules nerveuses d'après les travaux réalisés ces dernières années en neurosciences.
Pour simplifier, on hérite d'un certain plan de construction génétique et on naît dans un environnement qui ne nous laisse aucun choix tout au long des années les plus importantes de notre formation.

Du point de vue scientifique, nous ne tenons pas la barre de notre comportement, nous sommes dépendants de nos gênes et de leurs particularités, chacun est bâti à partir d'un plan génétique. L'esprit conscient ne dirige donc pas le navire. Le gouvernail est tenu par le cerveau inconscient, lui-même formaté par les expériences de la vie et par les programmes instinctifs produits par les générations antérieures.
Le cerveau fabrique nos comportements selon des procédés très complexes traduisant ainsi le fait que les gens ne peuvent pas être égaux. Cette variabilité constitue le moteur de l'évolution car les profils génétiques et les histoires personnelles des gens façonnent

leurs cerveaux et donc marquent leurs différences.

Voilà pourquoi les gens finissent par avoir des visions très différentes du monde, des personnalités variées et des capacités non moins variées à prendre des décisions

La machinerie qui fait de nous les personnes que nous sommes n'est pas simple. Ni la biologie, ni l'environnement ne peuvent façonner à eux seuls notre personnalité. Nous sommes le résultat d'un somme d'équations trop compliquées.

Ainsi notre vie mentale est largement influencée par une longue liste de facteurs d'horizons divers et plus ou moins accessibles. Notre santé est confrontée aux assauts des maladies qui semblent résulter de nombreux changements mineurs, au niveau de notre ADN, et qui surviennent simultanément et selon des schémas d'interactions d'autant plus complexes qu'ils sont dépendants d'interactions avec l'environnement.

C'est ainsi que l'on conçoit aisément qu'il puisse exister un stress psychologique lorsqu'un individu passe d'un groupe d'individus à un autre, change de région ou de pays *comme ce fut le cas pour Mathieu et les maçons de l'époque*. Ce stress est d'autant plus grand si la population d'accueil manifeste un faible degré d'acception. Cette exclusion sociale peut prendre différentes formes, comme une plus grande sensibilité aux maladies, aux dépressions, des manifestions d'angoisse, différents autres troubles *et il semblerait que ce fut le cas pour les descendants de Mathieu.*

Rappelons nous que l'on a pu s'étonner de la forte mortalité des enfants de Mathieu à Beaujeu ainsi que des enfants de ses enfants survivant. Nous reviendrons sur ces cas plus loin.

Tout le monde ne réagit pas de la même façon, pour des raisons diverses comme le fait qu'il existe des gènes qui prédisposent à la dépression, à la violence pour ne citer que ces exemples.

Les statistiques, la psychanalyse, la psychogénéalogie, la psychologie sociale, nous aident à comprendre quelle fut la vie de nos ancêtres, leurs difficultés, leurs joies, leurs tourments, les causes de leurs traumatismes, et la propagation transgénérationnelle de ceux-ci. Dernièrement l'épigénétique nous renseigne sur l'influence de notre environnement sur des évolutions des gènes de l'ADN.

Nous sommes moins libres que nous le pensons ; notre personnalité se construit à partir de systèmes personnels d'interprétation qui résultent de l'éducation et de la culture environnante.

Certains scénarios de vie au cours de générations sont éphémères mais d'autres se répètent, sont plus ou moins constants : il y a des générations de filles mères, d'orphelins, d'hommes violents, de gens qui vivent vieux ou de vies abrégées par exemple. Notre scénario de vie nous est ainsi plus ou moins imposé.

Nous commençons notre vie avec un quota d'informations et un quota d'amnésie de manière à pouvoir penser notre vie et lui donner un sens.

La psychogénéalogie est basée sur différents concepts de psychanalyse dont celui d'inconscient collectif développé au début du 20ème siècle par le disciple de Sigmund Freud, Carl Gustav Jung mais aussi le concept de loyauté familiale invisible et celui de « fantôme ».

Pour C. Jung, l'inconscient collectif est l'ensemble des images et motifs qui symbolisent les instincts fondamentaux de l'Homme. Il se manifeste sous forme d'archétypes, c'est-à-dire d'images anciennes, que l'on retrouve dans les mythes et légendes, et qui seraient communes à toute l'humanité. Ces archétypes se manifesteraient dans les rêves, les délires et certaines formes d'art.

Jung distingue plusieurs niveaux dans l'inconscient collectif : d'abord l'inconscient collectif familial, puis l'inconscient collectif du groupe ethnique et culturel et enfin, l'inconscient collectif primordial (où l'on retrouve tout ce qui est commun à l'humanité comme la peur de l'obscurité, l'instinct de survie).

L'Inconscient et le subconscient agissent par l'intermédiaire de centres nerveux.

L'Inconscient est un mot qui résonne dans le discours courant. Mais ce mot engage une charge d'ambiguïté puisque c'est une espèce de fiction psychique active qui double la réalité[52], une réalité existant hors de nous.

L'Inconscient est le mot le plus populaire de la théorie psychanalytique, le concept le plus fondamental de la problématique ouverte par Freud il y a plus d'un siècle. Cette hypothèse de l'Inconscient est ainsi nécessaire du fait des incohérences de la vie consciente.

En plaçant l'inconscient au cœur de son système, Freud a ainsi repensé la séparation entre conscient et inconscient, lui a donné plus de rationalité en élaborant une dynamique des processus.

Jean-Paul Sartre n'a jamais admis la réalité de l'inconscient freudien, cette instance fourre-tout du refoulé disait-il. « *Comment croire à une pensée en moi qui ne serait pas une pensée de moi* ». Pour Sartre l'inconscient est tout simplement le résultat et le prête-nom d'une conscience qui refuse d'être conscience.

Freud voit en la conscience une fonction de discernement et de contrôle alors que chez Sartre la conscience est choix, intentionnalité et existence.

Chez Freud comme chez Sartre l'homme s'illusionne et s'égare, il se trompe à lui-même et sur lui-même. Le rêve, l'hystérie, l'hallucination sont des tromperies. Mais pour Freud le *ça* trompe le *moi* alors que pour Sartre la conscience se ment.

Pour Alain l'inconscient est une méprise sur le *moi* et que, faire de l'inconscient une identité enfouie et tyrannique est une faute.

Dans ses Cahiers, Paul Valérie conteste moins la réalité de l'inconscient que les conditions de son établissement et de sa transmission.

---

52 « réalité psychique » selon Freud

Au contraire de Sartre, Maurice Merleau-Ponty admet la réalité de l'inconscient mais il en discute profondément la nature.

Le philosophe Paul Ricoeur[53] propose une analyse originale de l'œuvre de Freud. Il soutient que l'inconscient ne pense pas, qu'il n'existe que comme réalité diagnostiquée, constituée par un travail d'interprétation dans le contexte de la cure psychanalytique. Ricoeur esquisse ainsi une confrontation entre phénoménologie[54] et psychanalyse.

Il existe encore de nombreux travaux comme ceux de Ludwig Binjwanger, Medard Boss, Heidegger, ou encore Adolf Grunbaum, Karl Popper et beaucoup d'autres, qui ne seront pas évoqués dans ce document.

Carl Jung[55] a donc, comme il a été mentionné, une approche intéressante en proposant deux inconscients.

Jung[56] distingue "une couche superficielle de l'inconscient", qu'il appelle "inconscient personnel", et une "couche plus profonde qui ne provient pas d'expériences ou d'acquisitions personnelles, mais qui est innée". "Cet inconscient a des contenus et des modes de comportement qui sont les mêmes partout et chez tous les individus. En d'autres termes, il est identique à lui-même chez tous les hommes et constitue un fondement psychique universel de nature supra-personnelle présent en chacun". Jung explique avoir choisi le terme "collectif" pour souligner le caractère universel de cette couche profonde de l'inconscient. Alors que les contenus de l'inconscient personnel sont "*les complexes à tonalité affective*, qui constituent l'intimité personnelle de la vie psychique", "les contenus de l'inconscient collectif sont les *archétypes*" .

---

53 *De l'interprétation*, essai sur Freud, id Seuil 1965
54 Edmund Husserl, fondateur de la phénoménologie
55 Carl Gustav Jung est un médecin, psychiatre, psychologue et essayiste suisse né le 26 juillet 1875 à Kesswil, canton de Thurgovie, et mort le 6 juin 1961 à Küsnacht, canton de Zurich, en Suisse alémanique (source Wikipedia)
56 Dans son étude intitulée *Des archétypes de l'inconscient collectif* (publiée pour la première fois dans les *Annales d'Eranos*, 1934, et reprise dans *Les Racines de la conscience*, Livre I)

Ce terme, écrit Jung, "nous dit que nous avons affaire, dans les contenus inconscients collectifs, à des types anciens[57], ou, mieux encore, originels, c'est-à-dire à des images universelles présentes depuis toujours".

L'archétype en soi est un modèle hypothétique, non manifeste, comme le "*pattern of behaviour*" des biologistes » (des phrases du paragraphe ci-dessus ont été empruntées, la source n'est pas connue ou n'a pas été retrouvée).

C. Jung parle[58] des archétypes comme d'images virtuelles : "La forme et la nature du monde dans lequel l'être naît et grandit sont innées et préfigurées en lui sous forme *d'images virtuelles*". les parents, la femme, les enfants, la naissance et la mort sont innés en lui sous forme de disponibilités psychiques préexistantes, sous forme d'images virtuelles, qui "*sont comme le sédiment de toutes les expériences vécues par la lignée ancestrale ; elles en sont le résidu structurel, non les expériences elles-mêmes*".

Jung parle de l'archétype du père, de l'archétype de la mère, des archétypes de l'anima (empreinte et image du féminin chez l'homme) et de l'animus (empreinte et image du masculin chez la femme), ainsi que de l'archétype du Soi qui régit le processus d'individuation. Mais il parle aussi de l'archétype de l'enfant divin, de la naissance, du couple divin, du vieux sage, de l'unité, de l'arbre, de la croix etc... On peut être tenté en effet de parler d'archétype à propos de chacune de ces images, tant le sens de chacune est riche et profond. Il y aurait alors une multiplicité d'archétypes.

Jung précise que cet inconscient collectif sous entend une certaine hérédité. Cependant, dans Psychologie de l'Inconscient (1913), il écrit : « *Je n'affirme nullement la transmission héréditaire de représentations, mais uniquement la transmission héréditaire de la capacité d'évoquer tel ou tel élément du patrimoine représentatif* ».

---

57 le grec "arkhaios" signifie "ancien"
58 Dans *Dialectique du moi et de l'inconscient*

Cette idée est reprise plus tard, par Jacob Lévi Moreno[59] qui la développe et postule l'existence d'un co-inconscient familial ou groupal qui serait le vecteur d'une transmission transgénérationnelle. Déjà en 1913, dans Totem et tabou, Freud écrivait : « *Nous postulons l'existence d'une âme collective et la possibilité qu'un sentiment se transmettrait de génération en génération se rattachant à une faute dont les hommes n'ont plus conscience et le moindre souvenir.* » évoquant la possibilité d'une transmission par un inconscient reliant les membres d'une même famille.

Loyauté familiale invisible[60] est le deuxième concept important en psychogénéalogie. Cette loyauté familiale invisible est intimement lié au concept de justice familiale. Au sein d'une famille, chacun entretient une comptabilité subjective de ce qu'il a donné et reçu dans le passé et dans le présent et de ce qu'il donnera et recevra dans le futur. Il y aurait dans chaque famille des règles de loyauté et un système de comptabilité inconscient qui fixent la place et le rôle de chaque membre et ses obligations familiales, notamment vis-à-vis du respect et des convenances.

La transgénéalogie[61] est donc la prise en considération de tout ce qui nous touche au niveau du corps, de l'âme, de l'esprit en provenance de notre ascendance.

Nos ancêtres prennent donc une place importante.

Pour Jodorowski on porte notre arbre généalogique et qu'il faut savoir se placer au sein de cet arbre car nous sommes liés aux autres, aux vivants comme aux morts.

L'inconscient familial existe bel et bien avec ses non-dits traumatisants. Mais si nous en subissons le poids, nous sommes aussi responsable du devenir de nos descendants. Notre responsabilité est énorme. Le chemin est semé d'abus en tout genre : matériel, sexuel,

---

59 Jacob Lévi Moreno 18 mai 1889- 14 mai 1974, il est un des pionniers de la psychothérapie de groupe
60 développé par Ivan Boszormenyi-Nagy, un psychanalyste d'origine hongroise qui publie en 1973 avec G.M. Spark : Invisible loyalties
61 Alexandro Jodorowski

émotionnel, relationnel

Un arbre majestueux peut produire des fruits amers, un arbre modeste peut produire de bons fruits. Ce qui importe en définitive c'est le traumatisme vécu et surtout ressenti.

Le traumatisme est notre température intérieure. C'est cette température qu'il nous fait connaître.

Nos ancêtres nous lèguent aussi un espace dans la mesure, par exemple, où nous estimons notre espérance de vie en fonction de celles connues dans notre arbre, nous planifions les étapes de notre vie en gardant en mémoire ce que nos ancêtres ont fait comme les ages des mariages, des naissances.

Ces informations sont les pièces d'un puzzle dont nous n'aurons jamais l'image finale mais elles nous permettent de tracer notre route tout en dirigeant notre conscience personnelle en la mettant, ou non, en harmonie avec la conscience du clan que constitue une famille au sens large.

Le concept de « fantôme[62] » a été ignoré par Freud alors que les taoïstes chinois mesurent un destin sur neuf générations et la Bible sur trois ou quatre.

Un « fantôme » se transmet de génération en génération.

Meurtre ou suicide, inceste, faillite, adultère, enfants hors mariage, homosexualité, pédophilie, sexe, maladies mentales. Il est rare que l'histoire d'une famille ne comporte aucun de ces épisodes, peut être plus encore à notre époque que jusqu'au milieu du 19ème siècle où les « situations » étaient plus stables, encadrées par des interdits, des codes à la fois plus simples et plus rigides.

Sujets de conversation délicats, indéfendables, ils sont rarement évoqués par les membres de la famille. Mais ces secrets que l'on tait souvent par honte ou simplement pour ne pas encombrer notre vie d'éléments indésirables et perturbateurs, peuvent devenir pour les psychogénéalogistes de véritables fantômes.

---

62 Concept élaboré par Nicolas Abraham et Maria Torok

Cet aspect transgénérationnel avait d'ailleurs disparu de toute la pensée occidentale depuis plus d'un ou deux siècles alors que les pensées chinoise, amérindienne, africaine, sont ouvertes à ce mode de fonctionnement humain. Le taoïsme se préoccupe des morts, de ceux qui sont « mal morts » et qui d'une manière ou d'une autre, continuent à nous hanter. Se préoccuper de ces morts est un travail d'hygiène mentale car nous sommes hantés par tous ceux des nôtres qui sont morts sans avoir pu régler leurs plus gros problèmes émotionnels et psychiques.

La psychanalyse freudienne a fait l'impasse sur la mort pour ne s'intéresser qu'au deuil. Pour Freud, l'inconscient n'est constitué que des vécus oubliés depuis notre enfance. Pour Nicolas Abraham ces vécus oubliés peuvent concerner nos parents et ascendants plus éloignés.
Le fantôme est une structure émotionnelle, familiale, culturelle, sociale que, très tôt nous dupliquons, en construisant nos structures mentales dans celles de nos parents. Le fantôme est donc un objet de la structure familiale.
Le travail de transmission s'effectue, pour Françoise Dolto, en plusieurs étapes, tout d'abord de nature inconsciente (psyché du fœtus ou activité mentale originaire).
La psyché individuelle ne se forme que vers trois ans et jusqu'à là le bébé vit dans une psyché communautaire qui est celle de sa famille. Ainsi se met en marche un mécanisme de structuration psychique.
Un enfant n'apprend pas à parler, il duplique la langue de ses parents comme il duplique leurs structures mentales.

Nicolas Abraham et Maria Török inventent les notions de crypte et de fantômes. Ils imaginent en effet qu'un secret ait pu être enfermé par le non-dit dans une crypte de l'inconscient familial et en surgir pour influencer le comportement de leurs patients. Pour Nicolas Abraham et Maria Török, un fantôme est donc une formation de l'inconscient né du secret inavouable d'un autre membre de la famille et qui s'est transmis d'un inconscient à l'autre à travers les générations.

Pour résumer, la psychogénéalogie postule l'existence d'un inconscient familial permettant une transmission entre générations, l'existence de règles propres à chaque famille et la possibilité pour un événement passé traumatisant[63] de venir influencer le comportement des membres de la famille. De nombreux secrets familles sont sains et légitimes mais d'autres pèsent très lourd sur la vie psychique de certaines personnes qu'elles deviennent délinquantes, toxicomanes, entrent dans une spirale d'échec ou tombent malade. La surprotection d'un enfant par ses parents peut endommager son esprit créatif, la non communication peut l'exclure d'une communauté et le conduire à une certaine dérive physique et morale.

Cependant les destins individuels, avec chacun leur part de singularité, ne sont pas indépendants du champ social dans lequel ils apparaissent et évoluent. L'appartenance sociale, le capital culturel et économique, les modes d'éducation, la religion, l'aptitude à la mobilité sociale et géographique, les conditions historiques de la naissance ainsi que lieu d'appartenance de la famille, tout cela va influer sur le devenir des individus dans un cadre aussi large que le mode d'insertion sociale, la trajectoire scolaire, le métier, la vie affective mais aussi sur l'aspect physique.

C'est dans l'Inconscient que le conditionnement émotionnel est inscrit.

Ces émotions dont nous allons maintenant évoquer l'impact.

---

63 Pour les théoriciens de la psychanalyse freudienne le secret de famille n'existe pas

Cette première partie relative à le psychanalyse et à la psychogénéalogie était importante d'être évoquée car elle peut permettre de mieux comprendre ce qui va suivre. En effet les études menées dernièrement en neurosciences, en biologie, et sur l'épigénétique peuvent nous apporter une autre vision du processus de changement de l'homme.

Nous avons vu précédemment qu'il y avait transmission d'un certain héritage du point de vue de la psychogénéalogie et de la psychanalyse.
L'héritage génétique quant à lui s'accompagne également de celle d'un héritage épigénétique.

L'épigénétique[64] est la discipline de la biologie qui étudie la nature et les mécanismes des modifications réversibles et transmissibles lors des divisions cellulaires permettant de moduler l'expression des gènes sans en changer la séquence nucléotidique.
Alors que la génétique correspond à l'étude des gènes, l'épigénétique s'intéresse à une « couche » d'informations complémentaires qui définit comment ces gènes vont être utilisés ou non par une cellule.
L'épigénétique est l'étude des changements d'activité des gènes — donc des changements de caractères — qui sont transmis au fil des divisions cellulaires ou des générations, sans faire appel à des mutations de l'ADN

Ce domaine suggère que notre vécu, notre mode de vie et notre alimentation, c'est à dire l'ensemble de notre relation avec l'environnement, influence l'héritage biologique que nous transmettons.

---

64 On attribue la paternité de l'épigénétique dans son sens moderne au biologiste et embryologiste Conrad Hal Waddington qui la définit en 1942 comme une branche de la biologie étudiant les implications entre les systèmes *gènes + environnement* et leurs *produits* donnant naissance au phénotype d'un individu.

Les circonstances de naissance, tout comme les traumatismes vécus par les générations précédentes, sont succeptibles de modifier l'ADN, d'ouvrir certains interrupteurs[65] génétiques et d'en fermer d'autres.

Ainsi deux individus peuvent avoir le même code génétique global initial, mais des facteurs environnementaux ont sélectionné une expression plutôt qu'une autre, chacune étant disponible dans la « base de données » génétique, faisant des individus aux comportements différents.

Autrement dit, l'épigénétique gouverne la façon dont le génotype est utilisé pour créer un phénotype

En matière d'évolution, l'épigénétique permet d'expliquer comment des traits peuvent être acquis, éventuellement transmis d'une génération à l'autre ou encore perdus après avoir été hérités.

La mise en lumière récente de ces moyens épigénétiques d'adaptation d'une espèce à son environnement est « la grande révolution de la biologie de ces 5 dernières années »[66] car elle montre que dans certains cas, notre comportement agit sur l'expression de nos gènes.

Pour illustrer ce propos, on peut rapprocher le couple génétique - épigénétique à l'écriture et à la lecture d'un livre.

« Une fois que le livre est écrit, le texte (les gènes ou l'information stockée sous forme d'ADN) sera le même dans tous les exemplaires distribués au public. Mais chaque lecteur d'un livre donné aura une interprétation légèrement différente de l'histoire, qui suscitera en lui des émotions et des projections personnelles au fil des chapitres. D'une manière très comparable, l'épigénétique permettrait plusieurs lectures du code génétique, donnant lieu à diverses interprétations, selon les conditions dans lesquelles on interroge cette matrice »

---

65 Les chercheurs ont recensé pas moins de 4 millions d'interrupteurs sur l'ADN humain alors qu'il ne contient que 22 000 gènes,ces interrupteurs permettent à certains gènes d'être lus et à d'autres d'être muets du moins provisoirement

66 Selon Joël de Rosnay en 2011

D'autres dimensions du rôle de l'épigénétique sont aussi explorées comme son incidence sur les neurones pour stabiliser leurs connexions synaptiques, ce qui aurait un rôle sur la mémoire à long terme; ou l'effet d'un stress infantile sur la sensibilité au stress à l'âge adulte par son effet sur la méthylation de l'ADN des récepteurs au glucocorticoïde.

Ces derniers années, les expérimentations scientifiques dans le domaine se sont multipliées[67]. Par exemple sur la transmission de caractères provoqués par le contexte, comme la présence d'une odeur ou un vécu traumatique.

Nos ancêtres vivaient entourés d'odeurs différentes de celles qui nous entourent. Chaque génération avait ses propres odeurs. Celui qui partait de sa ferme pour se rendre en ville perdait ses repères olfactives pour en gagner d'autres non souhaités, imposés pour lesquels il n'était pas préparé. Odeurs de la ville, odeurs des usines, odeurs de la pollution. Mais malgré cette accoutumance, malgré le temps qui efface les empreintes, la mémoire du passé peut ressurgir par les odeurs comme elle ressurgit par les sons.

Nous avons tous des odeurs qui nous produisent des émotions sans que nous sachions pourquoi. Ces odeurs renvoient à nos rêves et à notre enfance. C'est l'odeur de la cave, du garage, du grenier, du sapin de Noël, de la cuisine au bois, de la confiture, du foin, de l'herbe coupée, du poulailler, des chiens mouillés, de l'encre à l'école, de la craie, de la nature, de la pluie, de la terre et des feuilles mortes à l'automne, des champignons, de l'encens à l'église, des bougies, du vin, du lait chaud.

Ce qui pourraient être des odeurs d'antan sont pourtant ancrées dans notre mémoire et nous y sommes sensibles. Existerait-il une forme de mémoire génétique qui se transmet d'une génération à l'autre? Certaines recherches laissent à penser que les comportements peuvent être influencés par des émotions ressenties lors de situations vécues par des générations précédentes, et qui

---

67 Selon Jean-Claude Ameisen

seraient transmises par ce qui peut être décrit comme une mémoire génétique.

Partant de la tranquillité de leurs villages, les paysans ou émigrants comme les maçons, trouvèrent en ville des situations qui ont pu durement les éprouver. Ils se sont trouvés immergés dans le milieu brutal d'un espace urbain livré aux classes sociales les plus démunies dont ils faisaient partie. L'air urbain a été longtemps pestilentiel. Chacun essayait de parfumer ses habits, ses draps avec une profusion de ces substances. Les gens des campagnes n'étaient pas préparés à toutes ces odeurs irrationnelles et contre nature.

Un stress vécu dans la petite enfance, ce qui était le cas à cette époque, a pu laisser une empreinte sur la descendance pendant au moins 2 générations, apportant des modifications de comportement.

L'épigénétique aurait un rôle dans des maladies complexes, des études récentes en effet émettent des conjectures sur des facteurs influant.

Des caractéristiques de santé héritées d'un vécu des parents, par exemple l'influence du stress, de la faim, de la nutrition, peuvent être signifcatives pour les descendants. Ces situations transmettent des informations à une descendance qui peut développer des maladies alors qu'elle n'a jamais connu elle-même ces situations, comme la famine par exemple. Il est admis que la mémoire traumatique d'une guerre comme celle de 14-18 s'est transmis génétiquement.

L'étude de cette famille peut en être la preuve.

L'épigénétique a aussi un impact sur les neurones. Un stress infantile produit une sensibilité au stress à l'âge adulte par son effet sur la méthylation de l'ADN des récepteurs au glucocorticoïde.

Ce qui peut expliquer que la mort jeune de Jean-Marie en 1905, ait « déstabilisé » tous ses enfants dont le bien-être émotionnel était au plus bas lié à des ressources matérielles insuffisantes.

Notre comportement quotidien, incluant notre alimentation, notre hygiène de vie, notre résistance au stress, notre style de vie, va inhiber ou activer certains de nos gènes et cela va avoir des répercutions sur les générations directes.

Il y a une interdépendance entre nous et notre environnement, et de façon plus large à la société tout entière.

Concernant l'ensemble des membres de cette famille étudiée dans ce livre, leurs évolutions et leurs traumatismes pourraient s'expliquer par une bonne connaissance du « vécu » des générations antérieures.

Quel peut être alors l'impact des émotions ?

La guerre de14-18 a laissé des cicatices psychiques profondes parmi les soldats qui sont revenus. Ils ont essayé de reprendre une vie habituelle mais les souvenirs persistaient sous forme de cauchemars,. Le souvenir de l'acte violent était obsédant. Les souvenirs sont des expériences perceptives intenses où se mêlent la vue, le bruit, l'odeur, les cris ou le silence de la mort, le sang éclaboussé. Ces impressions terrifiantes deviennent des souvenirs gravés dans les circuits qui commendent les émotions. L'empreinte laissée par l'horreur dans la mémoire a persisté toute leur vie. Les victimes d'un traumatisme risquent ainsi souvent de ne plus être les mêmes biologiquement.

On peut s'interroger sur la définition d'une émotion.

La signification de ce terme fait l'objet d'un débat depuis plusieurs siècles, mais on peut le définir comme « une agitation ou un trouble de l'esprit, du sentiment, de la pensée ».

Il existe dans les faits des centaines d'émotions avec leurs combinaisons et variantes comme la colère, la tristesse, la peur, le plaisir, l'amour, la surprise, le dégoût, la honte, etc. Pour corser le tout on mettra les humeurs en périphérie comme le fait d'être irritable, grincheux, agacé.

Nos expériences, nos émotions et nos actions façonnent l'expression de nos gènes en permanence. C'est en définitive l'interaction entre l'environnement et l'ADN qui détermine ce que nous sommes. Les émotions sont au coeur de ce processus d'interaction. L'empreinte émotionnelle, élaborée dès le processus de naissance va influencer le développement de notre personnalité et révéler notre identité.

En cas de désordre psychologique, certaines empreintes de l'épigénome étant réversibles, il peut exister des traitements possibles pas forcément chimiques comme le Proziac mais par la pratique de l'activité physique, le massage, l'alimentation, la relaxation par exemple.

Aucun des membres de l'arbre généalogique étudié n'a eu droit à ces traitements. Il n'y a pas eu de réparation de stress ou de traumatisme.

Les trois frères, Antoine, Jacques et Jean-Marie en s'engageant dans l'armée au début du siècle auraient pu sans le savoir modifier leur ADN respectif. En se soumettant à des « influences » extérieures, l'étiquetage des interrupteurs aurait été modifié probablement de manière bénéfique. Malheureusement, la guerre les a submergée d'expériences traumatiques intenses et tôt dans leur vie, cette abondance d'étiquettes a empêché leur corps de s'exprimer.

Bien sûr les modifications épigénétiques et les explications associées sont plus complexes, mais le but de ce chapitre avait simplement pour objet de promouvoir un domaine qui étudie l'impact de nos émotions sur l'ADN et ainsi de nous ouvrir sur une autre perception de la généalogie.

Ainsi une étude a montré qu'il existerait une relation entre le stress vécue par la mère pendant la grossesse, le degré de marquage de son ADN et celui de son enfant devenu adolescent. L'enfant est plus vulnérable au stress et avoir des comportements anxieux et des troubles émotionnels.

A titre de tentative d'explications on pourrait se risquer à faire cette analyse : Benoit et Jean-Marie ont eu une fille Jeanne-Françoise née en 1884 qui décédera le 29 avril 1896, puis un fils Antoine le 24 février 1896. On est là dans le cas de stress intense. Antoine sera instable, phénomène agravé lorsqu'il deviendra le chef de famille suite à la mort prématurée de son père. Ce décès, comme nous l'avons vu déjà, a affecté tous les membres de cette famille. Jeanne née en 1887, va se marier un semaine après le décès de son père, son destin sera triste, elle aura un fils naturel en 1907 et décèdera de maladie trois ans plus tard. Françoise sera un enfant mort né. Joseph né en 1901, mourra en 1905, trois mois après son père.

Ainsi une lecture attentive de cet arbre généalogique permet de mettre en évidence de grosses séquences de stress et de traumatismes. L'ensemble de ces émotions dramatiques, altérant leurs capacités à les surmonter, peut expliquer ces successions d'événements. On peut remarquer aussi que les transmissions mère-fille se font très difficilement, Jeanne la femme de Mathieu a donné naissance à trois filles qui sont mortes très jeunes, Benoite la femme de Jean-Marie, lui-même fils de Mathieu a donné naissance à trois filles dont deux sont mortes à moins de deux ans et la troisième tristement à 23 ans. Preuves peut-être l'existence de la transmission des étiquettes épigénétique. On ne retrouve pas cette situation dans les familles du même arbre qui sont restées en Auvergne.
Un reprogrammation s'était mis en place dans l'ADN, mais fort heureusement ce processus a été réversible.

Le code génétique se manifeste comme étant un processus dynamique par lequel se tranmettrait les caractères acquis. Un simple changement d'environnement peut réparer des troubles, ce fut le cas lorsque Jean-Marie se maria avec Jeanne Renaud dont l'arbre généalogique était en meilleure santé.
Il y a toujours une réversibilité potentielle pour l'individu ou pour les générations suivantes. Cette réversibilité est d'autant plus

accessible que l'on arrive à percevoir ce qui se trouve dans les profondeurs de notre Inconscient, ses peurs et ses traumatismes surtout les causes. L'approche de régénération est personnelle à chacun, la plupart du temps intuitive ou inconsciente. Les portes d'accès à ce type d'information sont nombreuses autant mentales que physiques ou émotionnelles le but étant de retrouver un équilibre qui nous satisfait mais qui n'a rien d'universel.

Les gènes ne contrôlent pas à eux seuls notre vie et ne dictent en rien notre vie. Les facteurs environnementaux, notamment l'alimentation, le stress et les émotions, les phénomènes de rupture comme des changements d'habitude, de rythme, tous les signaux que l'on reçoit, peuvent modifier ces gènes sans toutefois en changer la matrice de base. Les épigénéticiens ont découvert que ces modifications pouvaient être transmises aux générations futures.

Les gens ont des espérances de vie très différentes. Pour les personnes de l'arbre généalogique étudié, la durée de vie était plutot courte et certains facteurs ont pu contribuer au déclenchement de maladies. Ces facteurs[68] peuvent être des troubles de tress post-traumatique, des carences nutritionnelles, des violences physiques dus à des épreuves importantes, mais aussi une vision négative de la vie, une mauvaise estime de soi, un manque de bonheur, de gratitude et peut-être d'amour.

Tous ces traits gérés par l'épigénétique peuvent être transmis aux générations ultérieures. À moins que l'on modifie nos *croyances.*
Jean-Marie en s'engageant à l'armée a rompu avec son environnement, ce départ (comme celui de Mathieu et d'autres) fut probablement l'objet d'un stress important mais a du lui apporter une dose de bonheur sachant qu'il allait vers un monde nouveau où les liens sociaux à l'armée, sont étroits. Selon des études, lorsque des individus parviennent à élever leur dose d'optimisme et à approfondir leurs relations sociales ils élèvent leur sentiment de

---

68 L'activité de la télomérase renforce la santé et prolonge la vie (les télomères constituent la plate-forme physique requise pour la réplication de l'ADN

bonheur.

Le bonheur entraine normalement le succès, ça aurait pu être le cas s'il n'y avait pas eu la guerre deux ans plus tard, mais plus intéressant, peut entraîner une amélioration de l'état de santé, résultant de profondes modifications épigénétiques du généome.

Nous avions vu précédemment que les jeunes gens qui partaient à l'armée revenaient changés. Ce résultat fut attribué au changement de nourriture. On voit maintenant que, outre une meilleure alimentation, on peut mettre l'accent sur les rôles des liens sociaux, à une nouvelle définition du bonheur, à une vision nouvelle et plus positive de la vie, en d'autres termes à une modification des croyances et à l'apparition de stéréotypes positifs. Les conflits sociaux de l'époque, les nouvelles règles en matière de travail, la naissance des loisirs ont pu contribuer à ces changements. La perception qu'ils ont de la société n'est plus la même. Leur rapport à la vieillesse avait de fait aussi changé, envoyant un message positif et reprogrammant l'esprit subconscient. *Heureusement les miroirs à cette époque étaient peu nombreux et ne renvoyaient pas leur image d'un corps vieillissant.* Néanmoins la croyance, selon l'épigénéticien Cole, exerce une puissante influence sur la physiologie, l'expression génétique et le comportement.

L'enfant dès la naissance, et même dès sa conception est programmé pour s'adapter au même milieu que ses parents. Mais il n'y a pas de fatalité, on peut toujours changé, en bien ou en mal, car nos gènes sont formés et guidés par l'expérience acquise à partir du milieu ambiant. Chacun est donc personnellement responsable de sa vie même si les milieux, social et environnemental, sont difficiles, ce qui fut le cas pour toutes les personnes de cet arbre généalogique. Pendant des générations, on a demandé que l'enfant soit le clone des parents car la société était figée et maintenue comme telle pour sauvegarder les privilèges d'une minorité. La Grande Guerre a fait craquée ce corset structurel, bien que ce mouvement ait commencé quelques annnées plus tôt. Malgré cette époque difficile des messages positifs ont été envoyés, favorisant des changements de stratégie de vie comme ce fut le cas lorsque les fils de Jean-Marie s'engagèrent dans l'armée avec plus ou moins de bonheur. Ils ont voulu développer leur potentiel et changer leur vie mais les guerres sont venues bouleverser ce programme.

L'examen des vies des personnes étudiées permet de voir que, lorsque ces gens étaient enfants, ils ont pratiquement tous vécu des expériences traumatiques pouvant expliquer leurs problèmes de santé auxquels s'ajoutent les effets dus à un environnement peu sein et pollué.

Les peurs successives qu'ils ont eu à subir ont sans nul doute affecté leur vie.

Jean d'Ormesson titrait l'un de ses livres, le dernier, « *Je dirai malgré tout que cette vie fut belle* ».

Il est fort peu probable que les gens cités dans ce livre partagent ce sentiment.

Bibliographie

Plutôt que de présenter une bibliographie complète, l'auteur a le sentiment que le lecteur apprécierait une liste plus courte d'ouvrages intéressants sachant que des documents sont cités tout au long des pages de ce livre.

[1] Eugen Weber, *La fin des terroirs*, 1976, ISBN 9782286127480

[2] Antoine Sylvère, *Toinou*, 1980, ISBN 2-259-00587-X

[3] Claude-Alain Saby, *Etude d'un cas en psychogénéalogie*, 2016
ISBN 9781326796501

[4] Edition Thisa, www.edition-thisa.fr, livrets 10, 12

[5] Martin Nadaud, *Mémoire de Léonard, ancien maçon*, 1895

[6] www.persee.fr - *Les migrations temporaires anciennes à Lyon et dans les pays environnants*

[7] Amboise Tardieu, *Emigration, Auvergne*

[8] Berlot-Francdouaire, *En Beaujolais*, Imprimerie Paul Legendre, 1904

[9] Pierre Estienne, *Les populations de la Combraille*, Persee Revue de géographie alpine, tome 43, n°4, 1955. pp. 757-79

[10] J.Semousous, *Vêtements, coiffures, chaussures du 18ème siècle au pays de Combraille*, Revue d'Auvergne, tome 72, année 1958.

[11] Stéphane Guillard, *Beaujeu et ses environs*, Editions Sutton, 2013
[12] Nadine Roiné, *Le Haut Clunisois*, Editions Sutton, 2000

[13] J.Semonsous, *Les écoles avant et pendant la révolution entre Cher et Sioul*, Revue d'Auvergne, tome 76, n°4, année 1962

[14] Bibliothèque Nationale de France : Gallica

[15] Archivesdépartementales du Puy de Dôme

[16] Archivves départementales du Rhône

[17] André Bossuat, *Les campagnes de la Basse-Auverne pendant le Haut Moyen Age*, Journal des savants, 1966,n°1, pp.41-47

[18] Jean-Luc Ochandiano, *Lyon, un chantier limousin, les maçons migrants, 1848-1940*, Editions Lieux Dits, Octobre 2011, ISBN : 9782362190445

[19] Daniel Goleman, *L'intelligence émotionnelle* , 1995, Editons Rober Lafont

[20] Nathalie Zammatteo, *L'impact des émotions sur l'ADN*, 2014, Editions Quintessence, ISBN 978-2-35-805-129-3

[21] Bruce H.Lipton, Biologie des croyances,Editions Ariane, 2016, ISBN 978-2-89626-349-3

[22] http://www.patronymesaby.fr

[23] http://saint-priest-des-champs-passionnement.over-blog.com

L'immigration auvergnate à Lyon n'a pas suscité une importante littérature, même si elle est bien attestée. Contrairement au mouvement migratoire vers Paris, qui a fait l'objet de plusieurs études, elle n'est pas présentée comme un phénomène d'envergure.

Dans l'*Histoire de Lyon* du 16ème siècle à nos jours, il est dit que l'immigration originaire de Savoie et d'Auvergne ne représente guère que 12% des habitants, sans plus de commentaires.

On retiendra quelques articles comme celui de A. Chatelain paru dans la Revue de géographie de Lyon en 1954 (p. 91-115), intitulé *La formation de la population lyonnaise. L'apport d'origine montagnarde.*

Dans un chapitre consacré à la vie quotidienne au 19ème siècle de l'Histoire des auvergnats et des bourbonnais, Marie-Paule Caire-Jabinet consacre plusieurs paragraphes à l'émigration, "*une constante de l'histoire des auvergnats*".

Lyon n'y est cependant pas mentionné comme lieu privilégié d'immigration, contrairement à Paris.

Notons encore d'autres publications sur ce thème :

[24] Charles Rouchon, *L'émigration* ; *études sur les Peigneurs de chanvre, les maçons, l'émigration vers St-Etienne et Lyon, l'émigration vers Paris, les cochers de fiacre, la pelleterie et la fourrure, les pelletiers et les pelletières.* Revue d'Auvergne, t. 63, 1949, p. 153-177.

[25] Jean Perrel, *Migrations et migrants du massif central,* Revue d'Auvergne, t. 95, n°3, 1981.

[26] Marc Prival, *Les migrants de travail d'Auvergne et du Limousin au 20ème siècle.* 1979

[27] Marc Prival, *Auvergnats et Limousins en migrance.* Ed. Olliergues, 2005.

[28] Jean-Pierre Caillard. *Les Auvergnats*. La Table ronde, 2004.

[29] Maurice Garden, L'émigration du Massif-Central vers Lyon dans la seconde moitié du 18ème siècle. Clermont-Ferrand : Institut d'études du Massif-Central, 1978. p. 33-57.

[30] MarcPrival, *Les migrants de travail d'Auvergne et du Limousin au 20ème siècle*. Clermont-Ferrand : Institut d'Études du Massif Central, 1979. 317 p.

[31] Stéphane Guillard, *Beaujeu et ses environs*, Mémoire en images, Editions Sutto

[32] Jean-Luc Ochandiano, *Lyon, un chantier limousin, les maçons migrants, 1848-1940*, Editions Lieux Dits, Octobre 2011, ISBN : 9782362190445

Annexes

Population à Beaujeu

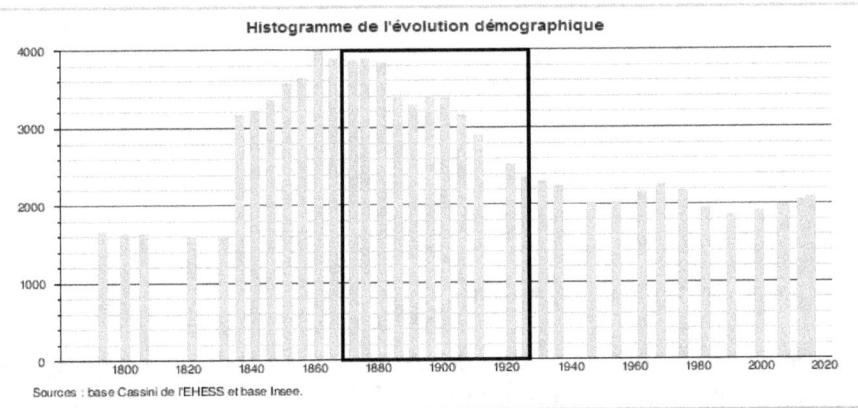

Histogramme de l'évolution démographique

Sources : base Cassini de l'EHESS et base Insee.

Evolution des décès
Période 1870 – 1922 (période encadrée ci-dessus)

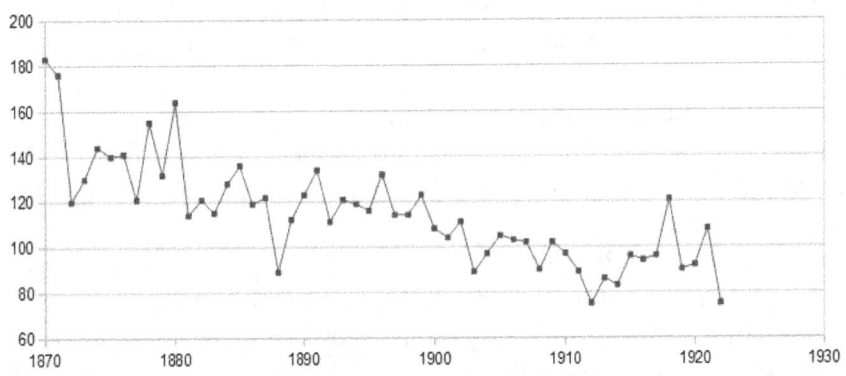

Source Claude-Alain Saby – Archives du Rhône

Evolution des décès et des naissances durant la période de 1870 à 1922

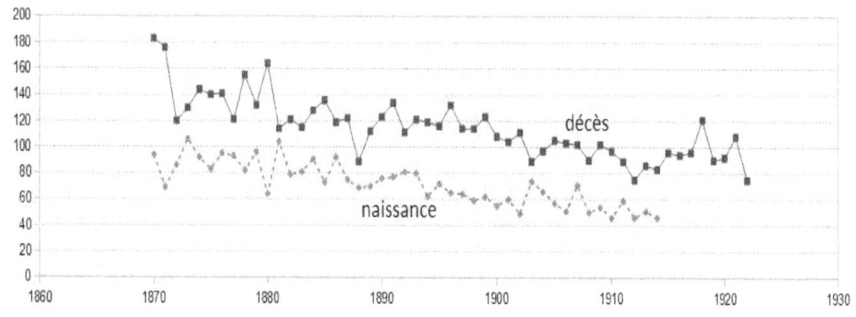

Source Claude-Alain Saby – Archives du Rhône

On observe l'importance des décès et la faiblesse du nombre des naissances par rapport au nombre de décès.

Cela s'explique par la présence à Beaujeu de l'Hospice avec des patients qui viennent de tous les cantons environnants, du monastère des Ursulines, par des naissances dans des autres villages mais le temps de travail et la fin de vie se sont faits à Beaujeu, et en partie par la chute brutale de la population à Beaujeu durant cette période.

En 1833, Beaujeu fusionne avec la commune voisine des Etoux.

Comme le montre le graphique, sa population augmente fortement et l'addition des deux municipalités est renforcée par une immigration en direction de Beaujeu.

Tandis que l'accroissement naturel de la commune est déficitaire de 1836 à 1861, sa population ne cesse d'augmenter, passant de 3172 habitants à 3993 à ces deux dates respectives. Puis vient une chute progressive avant une stabilisation vers 1940.

Néanmoins les décès sont nombreux.

Les tanneries comme le papier profitait de l'acidité de l'eau de l'Ardières et de nombreux artisans étaient installés dans la partie haute de la ville. En 1838 cette activité occupait 38 personnes comme maîtres , ouvriers ou apprentis. Cette activité du cuir a totalement disparu en 1956.

Les migrations temporaires anciennes à Lyon et dans les pays environnants[69]
Nota : nombreux extraits cités (sources en bas de page)

« Lyon et les pays environnants: Beaujolais, Lyonnais, Bas-Dauphiné et Dombes ont été jusqu'au début du 20ème siècle des lieux de séjour de migrants temporaires et définitives. Les dossiers des Archives Nationales, particulièrement les intéressants rapports des préfets du Premier Empire, rédigés entre 1808 et 1813 apportent quelques lumières sur ce phénomène. L'enquête[70] entreprise à cette époque avait des buts économiques mais on peut supposer qu'elle avait aussi des buts militaires. En effet entre 1808 et 1813 les désertions étaient nombreuses que les migrations temporaires ont pu facilité malgré l'obligation pour les migrants d'avoir un passeport pour se rendre d'un département à un autre. Inversement les migrations temporaires ont pu augmenter d'intensité à cause de la conscription à laquelle beaucoup cherchait à échapper.

Le rapport du préfet du Puy-de-Dôme, l'un des départements qui envoient des migrants dans la région de Lyon, est assez significatif : La Révolutions a successivement modifié l'émigration. D'abord, elle l'a ralentie, soit à cause de l'aisance passagère que les assignats, la diminution des impôts, et la mobilisation de la fortune des privilégiés avaient répandu sur le peuple de ces contrées, soit à cause, de la cessation du travail dans les départements de l'Ouest qu'embrasait le feu de la guerre civile ; la réquisition et la conscription l'ont ensuite augmentée. Tout ce qui craignait d'être appelé aux armées s'est dispersé à la surface de l'Empire, et jusque dans les pays étrangers.

Le préfet du Puy-de-Dôme ajoute cette remarque : Sous le rapport du nombre des émigrants; la délivrance des passeports ne peut servir de règle ; plusieurs n'en prennent point, une fois qu'ils ont acquis assez de connaissance des routes et des personnes pour avoir partout des asiles et des répondants et parmi ceux, qui en prennent, la plupart emmènent avec eux des enfants et des jeunes gens au-dessous de l'âge de la conscription qui marchent à l'abri du passeport de leur conducteur. Même ton en Haute-Loire d'où partent aussi des migrants temporaires pour Lyon et sa région.

Lyon, sous le Premier Empire est un centre économique très actif. Aux motifs anciens de migrations temporaires françaises : petits métiers manuels, petit commerce de: colportage, séjours des compagnons du Tour de France, trafic sur la Saône et le Rhône assuré par un personnel nombreux, s'en ajoutent alors de

69 Chatelain Abel. Les migrations temporaires anciennes à Lyon et dans les pays environnants. In: Revue de géographie jointe au
Bulletin de la Société de géographie de Lyon et de la région lyonnaise. Vol. 24 n°1, 1949. pp. 37-50.
http://www.persee.fr/web/revues/home/prescript/article/geoca_1164-6284_1949_num_24_1_6615
70 Archives Nationales. Les migrations ouvrières en France au début du xixe siècle (Thèse complémentaire de Doctorat es-Lettres, 1932, Paris, 74 p.).
Voir aussi, pour l'Isère, André Allix, Anciennes migrations dauphinoises,

nouveaux. Les multiples constructions ou reconstructions de bâtiments après la Révolution, créent un appel d'ouvriers maçons, de terrassiers, de charpentiers, etc. La reprise des industries de luxe surtout et particulièrement de la soirie nécessite aussi l'arrivée de nouveaux travailleurs, de migrants temporaires mais aussi de nombreux étrangers à la région.

Le rapport du préfet du Rhône daté du 13 septembre 1811, contient des renseignements très intéressants. Quelques montagnards de la Loire viennent vendanger un petit nombre de vignes renfermées dans la ville. Chaque année le Mont-Blanc, les Hautes et Basses- Alpes envoient une centaine de ramoneurs. Ces mêmes départements envoient un nombre très indéterminé d'hommes, de femmes et d'enfants jouant de l'orgue, de la vielle. Des allemands montrent des horloges mécaniques de musique et vendent des figures sculptées sur bois. Il y a aussi une quarantaine de jeunes décrotteurs fournis par les départements du Mont-Blanc, des Hautes-Alpes, des Basses-Alpes, du Cantal et du Puy-de-Dôme. Ces deux derniers départements cités, la Corrèze, la Creuse, la Haute-Vienne fournissent les maçons qui arrivent avec la belle saison et partent aux approches de l'hiver. Leur nombre qui varie extrêmement est difficile à évaluer.

Cette classe d'individus vit avec beaucoup moins d'économie que les gens des départements alpins et la plupart d'entre eux n'emportent guère que l'argent nécessaire pour leur route. L'industrie est très active aussi les migrants temporaires affluent. Les nombreuses manufactures qui y sont établies offrent dans les temps ordinaires des moyens d'existence assurés à de nombreux étrangers à la ville. Cette situation est le signe précurseur d'un phénomène qui va s'accentuer, à savoir le fort dépeuplement des campagnes.

Ainsi, le long rapport du préfet du Puy-de-Dôme nous fait connaître que les maçons travaillant à Lyon viennent de l'arrondissement de Clermont-Ferrand et particulièrement d'un canton (Herment) ; il en vient aussi de l'arrondissement . de Riom.

Inversement, dans ce même début du 19ème siècle, des Lyonnais quittent régulièrement leur ville pour d'autres régions, mais les rapports les signalent plus rarement. Le préfet de la Haute-Garonne relève la migration de maîtres-ferblantiers et de leurs ouvriers venus de Lyon, ils séjournent régulièrement à Toulouse six mois durant, parfois plus, jusqu'à deux ans.

Lyon est aussi une des grandes haltes pour les compagnons du Tour de France qui viennent des régions septentrionales et descendent vers le Midi. Il y a de tous les départements des compagnons ouvriers des divers arts et métiers qui viennent les exercer chez les maîtres établis dans la ville, et qui arrivent, partent et se succèdent continuellement. Leur nombre, la durée de leur séjour à Lyon est variable.

La circulation fluviale fait appel à un nombreux personnel pour le département du Rhône il est signalé dans un tableau dressé par la préfecture une centaine de personnes de Vernaison et trois cents de Givors employées à la remontée des bateaux sur le Rhône et sur la Saône et au commerce sur ces deux cours d'eau.

Les voituriers qui fréquentent la place de Lyon viennent des départements du nord, des départements méridionaux, de ceux du Doubs et autres environnants.

Le nombre de voituriers venant du Nord était avant la Révolution d'environ 600, mais aujourd'hui ces voituriers s'arrêtent presque tous à Chalon sur-Saône où ils déposent leurs chargements qui sont ensuite embarqués sur l'eau, de Chalon à Lyon. Cela prive la ville de près des trois-quarts des voituriers du Nord qui se rendaient à Lyon. Les voituriers du nord qui continuent leur route jusqu'à Lyon se réduisent aujourd'hui à environ 150. Ceux des départements du Jura, du Doubs et autres environnants apportent à Lyon des fromages et autres marchandises, ils sont en hiver de 100 à 120 et en été de 30 à 40 seulement. Il arrive également, à Lyon, principalement pendant l'hiver, des bouviers des arrondissements de Roanne, de Montbrison et de Saint-Etienne, département de la Loire qui amènent par terre des charbons et autres productions territoriales et chargent à Lyon des fers, des épiceries, leur nombre est de 50 a 60.

Le Massif Central et les Alpes sont les deux principales régions de migrations, temporaires, saisonnières, polyannuelles, ou définitives.

Pour le Massif Central, les recherches de Merlier[71] nous renseigne sur l'émigration limousine. L'auteur a dressé une carte pour 1846. Elle révèle le rôle exceptionnel de Lyon et de Saint-Etienne comme foyers d'appel, rôle dû à une longue tradition fixée elle-même par l'existence de la grande route transversale de Limoges à Clermont et Lyon.

A la fin du XIXème siècle un très notable courant se dirige par la trouée de Saint-Etienne vers Lyon où une colonie importante d'Auvergnats se trouve établie. Lorsqu'en 1911, on opère le recensement des individus par lieux de naissance, on constate une très forte représentation du Massif Central dans le département du Rhône (Haute-Loire : 7887, Puy- de-Dôme : 7749, Creuse : 5116, Corrèze : 2903, Haute- Vienne : 2810.

Mêmes remarques pour les départements alpins : Lyon est un pôle attractif : Isère 51884, Savoie, 16052, Haute-Savoie, 8.982, Hautes- Alpes, 2385)[72].

Les quatre pays voisins de Lyon: Beaujolais, Lyonnais, Bas-Dauphiné et Dombes connaissent aussi des migrations régulières. Dans les travaux agricoles saisonniers, les moissons sont la cause prédominante des départs. La mauvaise saison fait venir régulièrement les migrants de l'extérieur: scieurs de long, pionniers, maçons et peigneurs de chanvre.

---

71 André Merlier, .Types • d'émigration» limousine (Etudes Rhod.. 1934, p.-. 215- 242) ; pourt Lyon, voin p. .230/, 231, 233;, 235, 237.

72Les Archives départementales du Rhône possèdent la collection complète de dénombrements individuels depuis 1836

Il y a peu d'informations concernant l'arrondissement de Villefranche dans lequel se trouve le Beaujolais. L'émigration est faible, sauf quelques apprentis qui parcourent la France pour se perfectionner.

Cependant, il arrive des départements du Puy-de-Dôme, du Cantal, de la Loire, à l'entrée de chaque hiver, pour s'en retourner aux approches de l'été, un assez bon nombre d'ouvriers cultivateurs, vulgairement appelés pionniers, employés aux travaux les plus pénibles de l'agriculture, tels que défrichements, transports de terre. Leur nombre est de l'ordre de 600 hommes.

Il y a encore dans l'arrondissement quelques ouvriers maçons qui arrivent des mêmes départements et particulièrement de celui de la Haute-Vienne vers le mois d'avril et s'en retournent au mois de décembre. Leur nombre est de l'ordre de 300 hommes.

Le rapport de la Loire donne le lieu d'origine des scieurs de long : ils sortent de la partie montagneuse de l'arrondissement de Montbrison, ils s'absentent de septembre à juin.

Dans la Haute-Loire, les pionniers-terrassiers travaillant dans le Rhône viennent de l'arrondissement d'Yssingeaux (cantons de Bas, Saint-Didier, Monistrol et Montfaucon) et de celui du Puy (cantons de Loudes, Vorey et Fay-le-Froid).

Des commissionnaires et des charretiers de la ville et du canton du Puy et des scieurs de long de Fay-le-Froid grossissent le contingent de migrants.

Dans l'important rapport du Puy-de-Dôme, le Rhône tient une place très marquée; l'arrondissement d'Ambert envoie des peigneurs de chanvre, celui de Clermont et particulièrement le canton d'Herment, des maçons, des scieurs de long, des équarrisseurs et des peigneurs de chanvre, celui de Riom, des maçons; des terrassiers, des scieurs de long et des peigneurs de chanvre.

La Creuse établit une longue liste de migrants à destination du Rhône :

Métiers	Cantons d'origine des migrants
Maçons	— Bourganeuf, Pontarion, Royère, Boussac, Chambon, Châtelus, Jarnages, Aubusson, Auzances, Bellegarde, Chénérailles, Crocq, Felletin, Gentioux, Saint-Sulpice-les-Champs.
Charpentiers	— Boussac, Chambon, Châtelus, Jarnages.
Scieurs de long	— Aubusson, Auzances, Chénérailles, Crocq, Felletin, Gentioux.
Tuiliers	— Aubusson, Chénérailles, Felletin.
Couvreurs	— Boussac, Chambon, Chatelus, Jarnages.
Cardeurs de laine	— Aubusson, Auzances, Bellegarde, Crocq.
Préparateurs de chanvre	— Bellegarde, Crocq.

Des départements de l'Ouest (Maine-et-Loire, Deux-Sèvres, Vienne, Charente-Inférieure, Gironde) les rapports signalent d'autre part le séjour temporaire de scieurs de long venus du Rhône ; le contingent est parfois assez important puisque le Maine-et-Loire en reçoit 80, les Deux-Sèvres 100.

A l'est du département du Rhône, deux départements sont seulement signalés : l'Ain pour les peigneurs de chanvre et les Hautes-Alpes pour les instituteurs.

Ainsi les renseignements apportés à propos du Rhône appellent trois remarques: le rapport constate d'abord l'aisance du Beaujolais qui n'a pas ou peu d'émigrants temporaires car les ressoures sont très suffisantes pour faire vivre la population.

D'autre part, la vigne ne semble pas attirer de migrations particulières puisque les rapports n'en parlent pas. Or à la fin du 19 et 20ème siècle les migrations de vendanges tiennent une grande place ; existaient-elles déjà au début du 19ème siècle?.

Il y a cependant un phénomène paradoxal : les scieurs de long du Lyonnais vont travailler dans la bordure atlantique alors que le Rhône doit faire appel pour ses forêts aux scieurs de long du Massif Central

Un autre pays voisin de Lyon a aussi beaucoup attiré les migrants temporaires : la «Dombes ». Les seuls qui méritent de fixer l'attention par leur nombre, sont les pionniers, terrassiers et les scieurs de long qui s'y rendent des départements de la Haute-Loire, de la Creuse, de la Correze et du Puy de Dôme. Les pionniers-terrassiers arrivent ordinairement dans les premiers jours du printemps par détachements de cinq à six sous la direction d'un chef ; ils sont employés à la construction et réparation des Chaussées ; pendant les moissons, ils s'occupent de celles des avoines, et même des battaisons ; leur présence dans cette partie du département est d'autant plus précieuse qu'elle est la plus dépeuplée et que l'exploitation serait impossible sans le secours de cette classe d'ouvriers ».

Migration des maçons creusois[73]
Nota : nombreux extraits cités (sources en bas de page)

Pendant au moins deux siècles la Creuse a fourni la moitié des maçons travaillant dans la capitale, petite colonie de quelques milliers de personnes parmi les 700 000 Parisiens du 18ème siècle. Mais cette migration, véritable phénomène d'échanges entre deux régions différentes, va-et-vient spatial et mental, n'est dans les faits pas nouveau.

Les maçons creusois[74] quittèrent leurs villages pour aller gagner les moyens de subsister qu'une terre chiche ne leur donnait pas toujours. Ils gagnèrent « là-bas » un peu d'argent et un certain respect, celui qu'on doit aux gens qui travaillent dur et jamais ne rechignent. Ils y découvrirent aussi les vertus du savoir et contribuèrent grandement, après leur retour au pays, à l'alphabétisation de la population creusoise, à sa conquête de la dignité. Dans le sillage d'un Martin Nadaud auteur des premières lois sur les accidents du travail, influencés par les grands courants protestataires de l'époque, ils ont contribué à tisser la fibre sociale et politique qui lie encore les Creusois, aujourd'hui.

La migration au 19ème siècle n'est pas propre à la Creuse (connue aussi sous le nom de Haute-Marche) , elle a touché de nombreuses régions en France. Ce sont les régions pauvres et montagneuses qui fournissent cette main-d'oeuvre saisonnière. Les migrants effectuent alors des déplacements limités en distance et en temps : les paysans du sud du Massif central descendent vendanger dans le Languedoc, ceux de Savoie dans la vallée du Rhône, les paysans du nord de la France et de l'est du massif armoricain vont moissonner dans les grandes plaines du bassin parisien, ceux des plateaux du Massif central dans la Limagne. D'autres paysans, mettant à profit les temps morts que laisse l'exploitation de leurs propres terres, partent plus longtemps et parfois assez loin, migrant tout l'hiver pour exercer des activités non-agricoles : scieurs de long, peigneurs de chanvre, colporteurs de l'Ariège qui allaient à pied jusqu'à la Charité-sur-Loire proposer leur marchandise. D'où des formes de migrations saisonnières complexes, variées dans leur durée et dans leur amplitude, mettant en jeu des activités elles-mêmes diverses qui ont en commun de ne demander aucun apprentissage particulier.
les Creusois quittent leur pays de manière temporaire mais sur une durée allant de mars à novembre à l'inverse de
beaucoup de migrants et notamment des scieurs de long et des peigneurs de

---

73 Hélène Clastres et Solange Pinton, rapport pour la mission du patrimoine ethnologique mars 1999
74 Livre :Mémoire de Léonard, ancien maçon (disponible en téléchargement sur Internet)

chanvre. Ainsi sont-ils absents pendant la belle saison, au moment où les travaux des champs sont les plus pressants. Ils n'hésitent pas non plus à s'éloigner de leurs lieux d'origine et à se diriger vers les villes, Paris et Lyon principalement mais aussi vers les petites villes d'une vaste région qui s'étend de la Loire au Lyonnais, de l'Auvergne à la Franche-Comté .

Mais ce qui différencie les maçons limousins, c'est qu'ils se forment à un métier. Le vocabulaire condense en quelques mots origine géographique et technique de construction : « limousin » désigne le maçon migrant, « limousinerie » et « limousinage » une construction en moellons et mortier et le plus souvent avec des joints en creux. Et, des trois départements qui forment le Limousin, c'est la Creuse qui, pendant deux siècles, a donné le plus grand nombre de travailleurs du bâtiment, la moitié des maçons qui viennent à Paris sont Creusois[75].

Les migrants creusois sont essentiellement originaires des plateaux de la Haute Marche et de la partie sud du département, dite La Montagne (dont l'altitude est inéfrieure à 900 mètres). Les Creusois ont acquis une grande expérience dans les métiers du batiment. Les raisons de ces départs sont multiples. Les propriétés exiguës (souvent un seul hectare) et morcelées ne sont pas très productives et elles ne suffisent pas à les nourrir. De plus les paysans ont besoin de liquidités pour payer les impôts, les dettes, dédommager les cadets au moment des successions (dans un pays où se maintient la transmission du patrimoine aux aînés), constituer la dot des filles, agrandir la ferme en vue de la retraite. Partir est aussi un moyen de se soustraire à la conscription.

Certains traits propres au pays ont sûrement favorisé cette émigration de la belle saison : la grande liberté de mouvement, l'élevage qui prime sur la culture mais aussi que le regroupement sous un même toit de la famille élargie rend possible l'absence d'un ou plusieurs de ses membres les plus robustes.

La Creuse, dont une bonne partie appartenait à l'ancienne province de la Marche, est, comme ce dernier nom l'indique, pays de passage, pays de transition. Culturellement, c'est une région frontière[76] puisque s'y croisent langues et usages du nord et du sud de la France. L'émigration creusoise est donc très ancienne dont les premières traces incontestables datent du 13e siècle avec une spécialisation très marquée dans les métiers du bâtiment (charpentiers, couvreurs et surtout maçons), et possédant une organisation bien structurée[77]. Les comptes de l'abbaye de Saint-Denis en 1229 font mention de maçons de la Creuse, de même que ce sont des maçons limousins qui refont la clôture du jardin de l'hôtel de Saint-Denis à Saint-Ouen en 1471-1472. A ces mêmes dates on en trouve aussi à Issy, Cachan, Chartres. Vers Meaux ou Versailles au 17ème. Au 18ème siècle, on estime que 32 à

---

75 A lire la thèse qu'Alain Corbin a consacrée à la société limousine de 1845 à 1880, ou les travaux d'Abel Châtelain sur l'émigration en France au XIXe siècle
76 caractère bien souligné par le philosophe Jean Beaufret, Creusois d'origine
77 Marie-Annie Moulin - thèse sur *Les maçons de la Haute Marche au XVIIIe*

38% des hommes de la Marche sont concernés par cette migration.

Au 18e siècle, alors que l'activité industrielle est strictement réglementée, le bâtiment est la seule industrie ouverte aux ruraux, effectuée en plein air, elle garde un caractère très artisanal (le maçon, à l'époque, dresse des murs en pierres et mortier - limousinage - aussi bien pour des immeubles, des maisons ou des murs de clôtures). A mesure que les métiers du bâtiment vont se diversifier, ils vont se spécialiser : maçons, charpentiers, couvreurs, tailleurs depierre, tuiliers, paveurs, plâtrier à partir de 1825 à l'imitation des Italiens, peintres vers 1860.

Une spécialisation qui recouvre une certaine hiérarchie puisque plâtriers, peintres, stucateurs travaillent à l'abri des intempéries et sont appelés monsieur. Les travailleurs d'une même spécialité sont le plus souvent issus de la même région, souvent d'une même commune, voire du même hameau.

Les chanvreurs et scieurs de long étaient issus du sud de la Creuse. Et chaque région entretient des relations suivies avec certains lieux de migration. C'est ainsi que du nord ouest de la Creuse on se dirige presque exclusivement vers Paris et sa région, du sud de la Creuse on va vers le Lyonnais, du sud-est vers la Bourgogne, l'Auvergne et le Lyonnais. Les tuiliers vont à l'est et tout particulièrement à Saint-Etienne. Chaque micro-région a une destination principale urbaine et des destinations secondaires rurales. « *Des jumelages professionnels pourraient être dressés hameau par hameau entre la Haute Marche et les points d'arrivée de la migration* ». Ces réseaux une fois établis s'entretiennent d'eux-mêmes - le fils, entraîné par le père, se dirige vers Lyon ou vers Troyes sans trop considérer la question des salaires - et il faut ensuite des circonstances exceptionnelles pour que s'instaurent des changements dans ces courants de migration fort anciens.

Originaires des mêmes hameaux, les migrants sont unies par les mêmes formes d'entraide et de liens - voisinage et parenté - qui y prévalent. Elles en reproduisent aussi la cohésion et la forme égalitaire qui existe à l'intérieur des hameaux. Sous la responsabilité d'un aîné, chaque unité (8 ou 10 hommes en moyenne) décide de sa date de départ, des étapes, de l'itinéraire emprunté (souvent des sentiers ou des raccourcis boueux) ou du mode de transport (à pied ou en patache ou, plus tard, en train) . A leur arrivée, les migrants continuent à être pris en charge par les premiers venus et à vivre en collectivité, que ce soit dans le garni, sur le chantier ou pour se distraire.

L'horaire du maçon se calque sur celui des travailleurs de la terre. Au garni c'est une femme de compagnon qui prépare le repas du soir. Le réconfort que le migrant trouve à vivre avec ses pays est tel qu'il lui fait oublier l'inconfort et même l'insalubrité des garnis. En dépit de cette insalubrité, les Creusois vont longtemps rester dans les mêmes quartiers (par exemple, à Paris, dans les quartiers du centre, le quatrième et le cinquième arrondissements).

L'apprentissage du métier passent par ces mêmes réseaux de solidarité. En effet le migrant creusois ne pratique pas le tour de France du compagnon et apprend le métier auprès des plus expérimentés tout en respectant une « hiérarchie de métier » qui marque les étapes de l'apprentissage et la maîtrise du métier. Cela n'exclut pas la proximité des relations : entre maçons et entrepreneurs il y a beaucoup de familiarité. Mais le patron c'était quelqu'un qui savait travailler.

Chez les maçons, on commence par être goujat, puis limousin, maître-compagnon, maître-maçon.

A partir des années 1860, les maçons adoptent plus souvent la migration définitive principalement parce que l'utilisation de nouveaux matériaux et de nouvelles techniques permet de travailler toute l'année.

Il y a 35000 Creusois à Paris en 1850, 45000 en 1880. L'essor de la construction sous le second Empire, de 1853 à 1882 s'ouvrent les grands chantiers, le baron Haussmann reconstruit Paris, ailleurs on termine les voies de chemin de fer et on érige gares, mairies, postes et autres édifices publics. Les femmes vont suivre leur mari, les salaires dans les grandes villes sont plus élevés, surtout à Paris.

Peu à peu, sous l'effet de ces bouleversements les us et coutumes des migrants évoluent, l'emprise du groupe s'affaiblit et ils acquièrent plus d'indépendance, dans l'organisation du voyage d'abord (le départ en groupe, qui s'imposait quand on faisait le trajet à pied, n'est plus nécessaire lorsqu'on part en train), et par suite dans celle de la vie et dans celle du travail. Le métier de maçon va absorber de plus en plus de migrants creusois, au détriment d'autres activités saisonnières, comme celle des scieurs de long, métier mal payé et ingrat, dont le nombre ne va cesser de baisser (1092 en 1810, 897 en1860). On délaisse aussi des activités jugées trop dangereuses, comme celle de couvreur (assurée par les Normands). Bon nombre de travailleurs sont devenus entrepreneurs tout en restant propriétaire de leur terre ce qui offre une possibilité de repli en cas de chômage, ou pour sa retraite.

En l'absence des maris, les femmes ont appris à s'occuper de la ferme et ont acquis autorité et reconnaissance; et c'est aux migrants qu'on doit la modernisation de l'habitat. Les maçons introduisent modèles ou techniques de construction appris sur les chantiers : surélévation des maisons, encadrements de fenêtres en briques, rocailles. Dans de nombreux domaines, leur apport au pays va être déterminant. Sur le plan de l'éducation et des idées ensuite : on note une alphabétisation précoce, proche de la moyenne nationale, et qui s'étend aux femmes.

FACULTÉ DES LETTRES
ET SCIENCES HUMAINES DE L'UNIVERSITÉ
DE CLERMONT-FERRAND

ANNIE MOULIN

LES MAÇONS DE LA CREUSE

Les origines du mouvement.

Préface de Mr. THIERRY CHANDERNAGOR
Président du Conseil Général de la Creuse

Publications de l'Institut d'Etudes du Massif Central
(Centre d'Histoire des Entreprises et des Communautés)

FASCICULE IV de la collection "Prestige"

206

Cette migration s'est beaucoup ralentie avec la guerre de 14, mais elle n'a pas complètement cessé. De jeunes Creusois iront participer à la reconstruction du nord et de l'est de la France après les deux dernières guerres, et entre 1921 et 1930 on évalue leur nombre encore à plusieurs milliers. Les maçons ont abandonné le limousinage et se sont mis au ciment, puis au ciment armé et vers 1950 au précontraint.

Le migrant s'instruit, milite politiquement et professionnellement et prend position lors des différentes révolutions. Ainsi pour la Creuse, 12 sont tués sur les barricades en 1830, 711 sont exilés en Algérie en 1848, 1600 à 3200 sont tués et 953 condamnés par les conseils de guerre en 1871.

 Les ouvriers de la Combraille (région à quelques kilomètres à l'est de la Creuse, où coule la Sioule, avec des villages comme St Georges de mons, les Ancizes-Comps, St Priest des champ, Biollet, Vitrac,...) sont peu représentés à Paris mais se retrouvent nombreux à Lyon. La migration en Combraille était assez faible à la fin du 17ème siècle. L'intendant Florent d'Argouges indiquait en 1686 que la taille s'y payait mal à la différence de la Haute-Marche parce que l'imigration y était faible. Au milieu de 18ème les départs sont devenus nombreux notamment dans les Combrailles auvergnates en qualité de maçon et scieurs de long dans les montagnes.
Les dates de migration des migrants maçons rejaillissent sur la vie quotidienne de l'ensemble de la région. Alors que les peigneurs de chanvre et les scieurs de longs bois s'expatrient pendant la mauvaise saison, les maçons partent au seuil du printemps pour ne revenir qu'au début de l'hiver, le séjour à l'extérieur est de longue durée. Chez eux ils se livrent à des travaux proches de leur métier et vendent leur force de travail : monter les murs des chemins, des champs, construire des maisons, rentrer le bois.
Les migrations peuvent être saisonnières, sur plusieurs années, viagères (il revient uniquement à la fin de sa vie active) ou encore définitives. Dans ce dernier cas un huissier se charge généralement de faire enregistrer la déclaration de leur transfert de domicile et toutes autres formalités fiscales. Ces migrations, déterminées souvent à l'intérieur d'une stratégie familiale sont remises en question par des paramètres multiples mais en général ce sont des opportunités économiques et affectives qui façonnent les décisions. Ceci est d'autant plus vrai que le maçon n'a pas d'attaches familiales ou matérielles, dans ce cas une migration qui se prolonge est l'amorce d'un départ définitif.
Les départ s'effectuent en mars. Des légions de maçons passent par Thiers pour aller à Lyon.

L'émigration des maçons des Combrailles

Extrait du site

http://saint-priest-des-champs-passionnement.over-blog.com/

Jusqu'au début du 20ème siècle, comme les voisins creusois, beaucoup d'hommes de Saint-Priest-des-Champs partaient, dès la fin de l'hiver, les uns vers Lyon, principalement sur les grands chantiers du bâtiment, les autres dans les régions, sur les chantiers de travaux publics. La majorité des émigrants partaient comme maçon ou ouvrier-maçon.

Les registres de matricule peuvent nous donner quelques indications de leurs campagnes.

Prenons les indications fournies sur la fiche matricule de Chaffraix Pierre de la classe 1887, natif de Jouhet :

Il habite Saint-Lager dans le Rhône, le 10 avril 1892 et est de retour à Jouhet, le 27 novembre 1893 ; On le retrouve à Saint-Lager, le 18 février 1894 et à Jouhet, le 10 décembre 1894 ; Il est à Vénissieux, le 23 mai 1895 et à Jouhet, le 2 décembre 1895 ; le voilà à Lyon, le 26 avril 1896 et de retour à Jouhet, le 28 décembre 1896 ; Enfin il est à Lyon en 1897 et 1899 et à Jouhet le 1er décembre 1901.

L'étude, des fiches et des publications de mariage (en ligne sur le site des Archives Départementales), permet de trouver un certain nombre de nos ancêtres, *qui certainement fatigués par ces nombreux allers-retours*, fondaient une famille sur place.

Voici deux familles parmi tant d'autres :

Amable Poumerolle, journalier à Lamothe à la naissance de ses deux premiers enfants en 1835 et 1836 est absent pour les trois suivants, nés en octobre et en septembre. Il est présent pour la dernière, née le 4 décembre 1846. Il est déclaré ouvrier-maçon sur son acte de décès, du 11 mai 1847, à l'Hôtel-Dieu de Beaujeu (Rhône). Ses trois garçons sont tous mariés à Beaujeu.

Tout d'abord l'aîné, Gervais, né le 7 novembre 1836 à Saint-Priest, marié le 24 juin 1871 à Beaujeu, avec Françoise Crétin. Ils auront deux enfants. Ensuite, Gilbert, alias Philibert, né le 25 septembre 1841, il épouse, le 5 mars 1867 à Beaujeu, Jeanne Lagardette. De leur union sont nés 6 enfants. Il décède comme son père à l'hôpital de Beaujeu, le 26 novembre 1918. Enfin, Jean, né le 6 septembre 1844 à Saint-Priest-des-Champs. Il se marie à Beaujeu, le 27 octobre 1875, avec Claudine Bouchacour. Il semble être décédé, sans postérité, le 15 avril 1899 à l'hôpital de Beaujeu.

Sur les cinq enfants du couple Amable Bourduge et Marie Chomette, cultivateurs à Perol, un seul est resté à Saint-Priest des Champs. Joseph, né en 1865, est décédé célibataire en 1891. Les quatre autres sont partis dans le département du Rhône.

François, l'aîné, né le 24 novembre 1856, était maçon à Vénissieux. Il est décédé à l'Hôtel-Dieu de Lyon 2e arrondissement, le 20 juillet 1884 ; il est dit l'époux d'Henriette Jarzaguet. Sa sœur, Marie, née le 11 mai 1860, est décédée le 2 octobre 1909 à Sainte-Foy-lès-Lyon. Elle avait épousé sur cette dernière commune, le 13 février 1886, un autre enfant du pays, Michel Antoine Caillot, maitre-maçon à Sainte-Foy, né le 16 avril 1860 à Saint-Priest-des-Champs, fils de Gilbert Caillot et d'Anne Caillot, colon à la Geneste.

Jean, est venu comme maçon à Sainte-Foy, puis on le trouve marchand, marchand coquetier et jardinier en 1921. Né le 13 août 1863 à Perol, il se marie, le 9 juillet 1892, à Sainte-Foy, avec Rose Marie Rosset. De ce mariage sont nés trois enfants. Il décède sur sa commune d'adoption, le 21 décembre 1933.

Le parcours de François est un peu différent. Né le 14 septembre 1868, à Saint-Priest-des-Champs, on le trouve, comme son frère, maçon à Sainte-Foy, le 19 avril 1891. Il rentre au pays et se marie à Saint-Priest des Champs, le 3 novembre 1891, avec Marie Barse, fille d'Annet et de Marie Chaffraix, cultivateurs aux Barsses. Ce n'est qu'après la naissance de leur premier enfant, Marie Hélène, né le 21 mars 1893 à Saint-Priest, que François emmène son épouse à Sainte-Foy. Ils y décèdent tous les deux, François en 1921 et Marie en 1930.

Beaucoup de jeunes gens sont partis faire leur vie ailleurs. Citons quelques autres noms : Poumerol, Perol, Arbitre, Chanut, Jouhet, etc.

Dans la région de Pontgibaud, on assiste à un développement très fort, entre 1850 et 1900, des mines de plomb argentifère, au point de devenir le premier centre producteur français dans ce domaine. Cette production va donc fixer la main d'œuvre de cette région. La filière multi-séculaire des maçons venant des Combrailles pour travailler à Lyon s'efface donc au cours de ce demi-siècle, contrairement à celle venant du Limousin qui reste vivace jusqu'à la Seconde guerre mondiale.

Paradoxalement, c'est au moment où la filière est en train de disparaître que se crée en 1889, la Société l'Auvergne[78]. Elle revendique 700 adhérents en 1890 puis 1000 en 1901 parmi lesquels environ 350 appartiennent au bâtiment, 80 sont entrepreneurs, 20 maîtres-maçons. Les ouvriers de la maçonnerie sont au nombre de 240.

---

78 Le président et fondateur de L'Auvergne est Eugène Tallon. Tallon a été député du Puy-de-Dôme de 1871 à 1876, date à laquelle il est battu. Il entre alors dans la magistrature et devient avocat général à Lyon en 1878. Il devient président de la chambre de la Cour d'appel de Lyon en 1890. De 1871 à 1881 puis de 1889 à 1898, il représente le canton de Manzat au conseil général du Puy-de-Dôme.

L'Auvergne se définit comme une société philanthropique dont les membres honoraires, principalemement des notables et des chefs d'entreprises versent une cotisation pour venir en aide aux membres participants, ces derniers sont essentiellement des ouvriers et des employés.

L'association constitue des livrets de caisse d'épargne pour les enfants méritants, délivre des bons médicaux ou pharmaceutiques pour les malades, donne des aides financières pour le rapatriement au pays, etc.

Cette association développe un discours de valorisation de l'Auvergne en tant que « Petite patrie auvergnate » qui serait le porte-drapeau de la « Grande patrie française ».

Signalons enfin que pour adhérer à l'association, il faut être originaire des départements du Puy-de-Dôme, du Cantal, de la Haute-Loire, de la Creuse. Il s'agit, selon les statuts de la société, des « départements composant l'ancienne Auvergne et le Velay ». L'intégration de la Creuse limousine dans la société l'Auvergne est due à l'influence des maçons creusois dans l'association, puisque cette corporation mêle les maçons de la Creuse et de la région des Combrailles toute proche.

Quelques mots sur les maçons à Lyon[79]

Il existait une véritable migration venant de l'Auvergne vers Lyon aux 18ème et 19ème siècles. Une des principales filières migratoires l'alimentant était celle des maçons, phénomène qu'avait identifié l'historien Maurice Garden pour le 18ème siècle et que l'on retrouve jusqu'à la fin du 19ème siècle, moment où les migrations temporaires sont remplacées par des migrations définitives

Les maçons allant vers Lyon venaient de deux zones très bien identifiables : la partie creusoise du plateau de Millevaches dans le Limousin et les Combrailles, à cheval sur la Creuse et le Puy-de-Dôme. Au milieu du 19ème siècle, environ 35 à 40% des maçons travaillant à Lyon venaient du Puy-de-Dôme, notamment des communes de Miremont, Pontaumur, Pontgibaud, Villosanges, etc. Les maçons de la Creuse partaient pour Paris.

Au 18ème siècle et jusqu'au milieu du 19ème siècle, ces migrants arrivés à Lyon, se concentrent principalement dans le quartier de l'Hôtel-Dieu, dans les rues Bourchanin, Belle Cordière, Raisin, Noire, etc. C'est un quartier très dégradé et pauvre du centre-ville. Les maçons y vivent très repliés sur eux-mêmes. La plupart des garnis qui les accueillent sont des garnis, une soixantaine dans ce quartier, destinés exclusivement à des maçons et tenus par des maçons ou par leur épouse. L'arrivée des migrants de la maçonnerie se déroule sur une période très limitée allant du 15 mars au 15 avril et est très massive.

Cette population migrante[80], comme toute population migrante, est

---

79 Jean-Luc Ochandiano (extrait)
80 On trouve, aux archives municipales de Lyon, des registres de police recensant les arrivées des migrants dans les garnis de Lyon pour le milieu du 19ème siècle : Il s'agit de la série I1. Les registres du quartier de l'Hôtel-Dieu sont aux cotes I1 197-

très stigmatisée par la population locale. Les mots sont partout les mêmes, ce sont des « étrangers » aux mœurs frustes.

Ces populations essayaient de recréer, tant bien que mal, les sociabilités de leurs villages d'origine. Au milieu du 19ème siècle, un certain nombre de cabarets tenus par des maçons du Limousin ou de l'Auvergne organisaient des bals pour les membres de leurs « pays ».

Les archives départementales du Rhône conservent, par exemple, un dossier[81] contenant une douzaine de demandes de cabaretiers ou de logeurs de maçons d'origine limousine ou auvergnate qui, au cours des années 1850, demandent à « faire danser » au son de la vielle ou de la musette, les samedis, dimanches et jours de fête. La plupart de ces cabarets sont situés à la Guillotière ou vers Vaise. Là encore, on voit que cette population est alors très stigmatisée et que les autorités policières ne sont pas tendres avec elle. Ainsi, en 1858, un logeur de maçon de La Mulatière demande l'autorisation de faire danser les membres de son garni, au son de la vielle, les dimanches.

Le commissaire d'Oullins refuse l'autorisation en apportant la justification suivante : « Presque tous les ouvriers qui prennent leurs repas chez Chalex sont des maçons originaires du limousin ou de l'auvergne. C'est une habitude chez ces 'individus' de danser entr'eux quelques fois au son de la vielle ou de la musette des bourrées et des branles de leurs pays : il n'y a que très rarement des femmes à ces amusements. Je n'ai jamais apporté d'importance à ces divertissements improvisés, me contentant de veiller à ce que les autorisations accordées aux maîtres des établissements ne soient pas outrepassées. Dans ces circonstances, ces bals, si on peut leur donner ce nom, n'offrent aucune conséquence dangereuse. Il me semble qu'il en serait tout autrement si l'un de ces établissements avait une autorisation préfectorale.

---

208. Ils sont très intéressants car ils comportent de nombreuses informations : nom et lieu d'origine du migrant, profession, nom et adresse du logeur.

81 Archives départementales du Rhône cote : 4 M 481

Ce serait le rendez vous de tous les auvergnats et limousins des environ, gens brutaux adonnés à l'ivrognerie et querelleurs quand ils sont ivres. Les servantes des environs se réuniraient à ces bals et ce serait une source continuelle de scènes tumultueuses, et où la décence la moins effarouchée aurait souvent à rougir ». Il conclut en affirmant que l'autorisation représenterait un « danger pour la morale et la tranquillité publiques ». *Ce discours en dit certainement plus sur le regard policier que sur les migrants visés.*

La deuxième moitié du 19ème siècle va constituer un moment de transformation très fort pour cette filière migratoire pour plusieurs raisons[82] :
L'haussmannisation de Lyon conduit à une refonte complète du quartier de l'Hôtel-Dieu. Le percement de la rue Impériale (actuelle rue de la République) et l'alignement des rues adjacentes modifie profondément le visage de ce quartier. Des immeubles de luxes sont construits et les populations ouvrières repoussées vers le quartier de la Guillotière où elles se fondent dans une classe ouvrière qui est en train de croître de manière très forte à l'époque.

Au milieu du 19ème siècle, le « Limousin et la région des Combrailles » et la région de Lyon auraient pu s'ignorer car les distances étaient importantes et les modes de vies différents. Pourtant, un lien s'est tissé entre ces deux régions. Un lien constitué par les migrations saisonnières qu'entreprennent, chaque printemps, plusieurs milliers de paysans ouvriers vers les chantiers de maçonnerie de Lyon.
D'abord repliés sur eux mêmes dans des quartiers bien délimités comme la Guillotière, les migrants s'intègrent peu à peu au reste de la population et jouent un rôle crucial, non seulement dans le développement de la ville, mais aussi dans l'évolution de la condition ouvrière et du syndicalisme dans le bâtiment lyonnais[83].

---

82 Jean-Luc Ochandiano (extrait)
83 *L'ouvrage de Jean-Luc Ochandiano nous fait parcourir un siècle*

Livret « ouvrier »

Arrêté du 9 frimaire an XII

TITRE Ier

Dispositions générales.

ART. Ier A compter de la publication du présent arrêté, tout ouvrier travaillant en qualité de compagnon ou garçon, devra se pourvoir d'un livret.

II. Ce livret sera sur papier libre, coté et paraphé sans frais, savoir : à Paris, Lyon et Marseille, par un commissaire de police ; et dans les autres villes, par le maire ou l'un de ses adjoints. Le premier feuillet portera le sceau de la municipalité, et contiendra le nom et le prénom de l'ouvrier, son âge, le lieu de sa naissance, son signalement, la désignation de sa profession, et le nom du maître chez lequel il travaille.

III. Indépendamment de l'exécution de la loi sur les passe-ports, l'ouvrier sera tenu de faire viser son dernier congé par le maire ou son adjoint, et de faire indiquer le lieu où il se propose de se rendre. Tout ouvrier qui voyagerait sans être muni d'un livret ainsi visé, sera réputé vagabond, et pourra être arrêté et puni comme tel.

TITRE II.

De l'Inscription des Congés sur le Livret, et des Obligations imposées à cet égard aux Ouvriers et à ceux qui les emploient.

IV. Tout manufacturier, entrepreneur, et généralement toutes personnes employant des ouvriers, seront tenus, quand ces ouvriers

---

de construction dans l'agglomération lyonnaise et souligne les étapes de l'évolution de la profession entre 1848 et la Seconde Guerre mondiale, donnant notamment un aperçu des techniques de construction et des conditions de travail. Enrichi par de nombreux documents et photographies d'époque, Jean-Luc Ochandiano retrace les grandes phases des migrations de Limousins à Lyon, tout en les replaçant dans leur contexte local, national, voire international avec l'apparition de filières migratoires plus récentes venues de l'étranger.

215

sortiront de chez eux, d'inscrire sur leurs livrets un congé portant acquit de leurs engagements, s'ils les ont remplis. Les congés seront inscrits sans lacune, à la suite les uns des autres ; ils énonceront le jour de la sortie de l'ouvrier.

V. L'ouvrier sera tenu de faire inscrire le jour de son entrée sur son livret, par le maître chez lequel il se propose de travailler, ou, à son défaut, par les fonctionnaires publics désignés en l'article 2, et sans frais, et de déposer le livret entre les mains de son maître, s'il l'exige.

VI. Si la personne qui a occupé l'ouvrier refuse, sans motif légitime, de remettre le livret ou de délivrer le congé, il sera procédé contre elle de la manière et suivant le mode établi par le titre 5 de la loi du 22 germinal. En cas de condamnation, les dommages-intérêts adjugés à l'ouvrier seront payés sur-le-champ.

VII. L'ouvrier qui aura reçu des avances sur son salaire, ou contracté l'engagement de travailler un certain temps, ne pourra exiger la remise de son livret et la délivrance de son congé, qu'après avoir acquitté sa dette par son travail et rempli ses engagements, si son maître l'exige.

VIII. S'il arrive que l'ouvrier soit obligé de se retirer, parce qu'on lui refuse du travail ou son salaire, son livret et son congé lui seront remis, encore qu'il n'ait pas remboursé les avances qui lui ont été faites : seulement le créancier aura le droit de mentionner la dette sur le livret.

IX. Dans le cas de l'article précédent, ceux qui emploieront ultérieurement l'ouvrier, feront, jusqu'à entière libération, sur le produit de son travail, une retenue au profit du créancier. Cette retenue ne pourra, en aucun cas, excéder les deux dixièmes de salaire journalier de l'ouvrier : lorsque la dette sera acquittée, il en sera fait mention sur le livret.

Celui qui aura exercé la retenue, sera tenu d'en prévenir le maître au profit duquel elle aura été faite, et d'en tenir le montant à sa disposition.

X. Lorsque celui pour lequel l'ouvrier a travaillé, ne saura ou ne pourra écrire, ou lorsqu'il sera décédé, le congé sera délivré, après vérification, par le commissaire de police, le maire du lieu, ou l'un de ses adjoints, et sans frais.

TITRE III.
Des Formalités à remplir pour se procurer le Livret.

XI. Le premier livret d'un ouvrier lui sera expédié, 1° sur la présentation de son acquit d'apprentissage ; 2° ou sur la demande de la personne chez laquelle il aura travaillé ; 3° ou enfin sur l'affirmation de deux citoyens patentés de sa profession, et domiciliés, portant que le pétitionnaire est libre de tout engagement, soit pour raison d'apprentissage, soit pour raison d'obligation de travailler comme ouvrier.

XII. Lorsqu'un ouvrier voudra faire coter et parapher un nouveau livret, il représentera l'ancien. Le nouveau livret ne sera délivré qu'après qu'il aura été vérifié que l'ancien est rempli ou hors d'état de servir. Les mentions des dettes seront transportées de l'ancien livret sur le nouveau.

XIII. Si le livret de l'ouvrier était perdu, il pourra, sur la présentation de son passe-port en règle, obtenir la permission provisoire de travailler, mais sans pouvoir être autorisé à aller dans un autre lieu ; et à la charge de donner à l'officier de police du lieu, la preuve qu'il est libre de tout engagement, et tous les renseignements nécessaires pour autoriser la délivrance d'un nouveau livret, sans lequel il ne pourra partir.

XIV. Le grand-juge, ministre de la Justice, et le ministre de l'Intérieur, sont chargés de l'exécution du présent arrêté, qui sera inséré au bulletin des lois.

Le premier Consul, signé Bonaparte.
Le Secrétaire-d'Etat, signé H. B. Maret
Le Ministre de l'Intérieur, signé Chaptal.
Le Grand-Juge, Ministre de la Justice, Signé Regnier.

Passés militaires de certains hommes de l'arbre généalogique de Mathieu

- François 1817-1881 (fils de Gervais de Puy-Pelat) s'est marié à 37 ans
- Gabriel 1854 (fils de François ci-dessus) qui migrera dans le Beaujolais s'est marié à 33 ans en 1887 (puis à 37 ans), il a été incorporé en 1875 à 19 ans, campagne d'Afrique de 1875 à 1879, régiment d'infanterie territoriale de Riom jusqu'en 1884
- Jean 1856 marié en 1888 à 32 ans avec Marie sa cousine, il était dans l'infanterie
- Jean 1859-1904 s'est marié à 28 ans, il était au 79ème de ligne. Il migrera dans le Beaujolais
- Jacques 1864, marié en 1888 à 24 ans, il fit un service militaire accompli de 4 ans au tirage
- Gervais 1864 est décédé au service militaire à 22 ans (son frère Jean donnera son prénom à l'un de ses enfants)
- Gervais 1867 (frère du précédant ci-dessus) a été dispensé parce que son frère faisait le service. Il est parti à Fleurie dans le Beaujolais.
- Jean 1867, service de 1888 à 1891.
- Jean-Julien né en 1868, 1m67, de 1889 (il a 21 ans) à 1892 au 4ème régiment de zouaves
- Jean né en 1871, 1m69, marié en 1896 (il a 25 ans), au service de 1892 (21 ans) puis démobilisé au titre d'aîné de veuve, puis remobilisé en 1914, dans l'infanterie coloniale, démobilisé en 1918, invalidité à 10%.
- Jean-Marie né en 1882, 1m65, au 11ème régiment de dragons en 1903. Remobilisé en 1914 au 36ème régiment d'artillerie. Campagne contre l'Allemagne. Pensionné à 20% pour bronchite.
- Eugène-André, né en 1886, frère de Jean-Marie ci-dessus, 1m68, 12ème bataillon d'artillerie en 1907 (21 ans) jusqu'en 1909. Remobilisé en 1914-1918, invalidité à 10% pour fractures diverses.
- Félix-Gervais né en 1888, 1m71, incorporé en 1909 au 16ème

régiment d'infanterie. Guerre 14-18. Croix de guerre.
- Jean-Marie né en 1890, incorporé en 1911 au 12ème régiment d'artillerie, guerre 14-18. Passe à la section d'infirmiers. Démobilisé pour rhumatisme et arthrite.
- Etienne-François né en 1891, en 1912 au régiment d'artillerie. Aux armées de 1914 à 1919.
- Anne 1754-1810 fille de Marien s'est mariée avec un militaire
- Jean 1907 a fait l'armée en 1914 dans l'aviation à Lyon-Bron
- Pierre 1851 s'est marié à 27 ans (1878), incorporé au 108ème de ligne en 1872, caporal en 1874, il est libéré en 1877 (5 ans de service)
- André 1873-1908 s'est marié à 19 ans (1892). Incorporé en 1894 au Régiment d'artillerie jusqu'en 1897.
- Marien 1792-1869 (de Condoleix) s'est marié à 34 ans
- Henri-Amable 1893, ancien combattant, caporal décédé au front
- Gervais 1832-1883 s'est marié à 37 ans
- Gervais 1893 marié à 43 ans, incorporé en 1913, ancien combattant dans l'infanterie, blessé, citation, croix de guerre, caporal
- Francisque-Félix, né en 1897, incorporé dans l'infanterie coloniale, caporal, pension d'invalidité 10%
- Eugène-Léon né en 1899, versé au régiment d'infanterie coloniale, décédé en 1924 à 25 ans.
- Annet 1793 s'est marié à 32 ans
- Jean-Marie né en 1859 à Beaujeu, au 134ème régiment d'infanterie en 1880 jusqu'en 1885. Il a fait une première période d'exercice en 1888 puis une deuxième en 1892. Il se marie en 1883 à 24 ans. C'est le père de Antoine, Jacques et Jean-Marie qui suivent :
- Antoine 1886-1919 né à Beaujeu. En 1907 au 10ème régiment de cuirassiers. Démobilisé soutien de famille, remobilisé durant la guerre, prisonnier de guerre à St Hilaire le grand (Marne). Décédé en 1919 à Lyon 7ème.
- Jacques 1891-1975 né à Beaujeu. Engagé volontaire à 18 ans aux 3ème et 6ème régiments de cuirassiers. Ancien combattant : blessé à Fontaines les Thermes, prisonnier de guerre, interné en Allemagne à

« Alten Grabow » jusqu'en 1919. Pension invalidité 10%
- Louis-Antoine 1894-1940 né à Beaujeu, 1m75. Engagé volontaire à 18 ans. Au 10ème régiment de cuirassiers à Lyon puis deux ans plus tard au 1er régiment de spahis marocain, cavalier, maréchal-ferrant, blessé au Maroc, passe au 5ème régiment de spahis algérien, campagne de Verdun, puis combat dans l'armée d'Orient en Macédoine, Brigadier Maréchal, réengagé jusqu'en 1921. Gendarme à cheval à la 7ème Légion de gendarmerie à cheval en 1921. Il se marie en 1922. Il occupe différents casernements (Jura, Isère, Haute-Saône, Rhône, Somme ,..). Naissance de son fils en 1924 et décès de sa femme en 1933 de maladie. Rappelé en activité en 1938, décès de tuberculose en 1940. Médaille militaire, médaille coloniale avec agrafe Maroc.
- Lucien fils de Louis-Antoine né en 1924, à 16 ans orphelin de père et de mère rentre à l'école de la Marine Nationale à Lorient puis Toulon et Alger. Ancien combattant, en activité militaire de 1940-1949, avec des périodes militaires jusqu'en 1964.

Quelques mots encore

Ils sont partis sans un adieu mais ils ont laissé en nous des traces plus ou moins profondes.

Cette saga familiale présente une discrète tragédie familiale et dévoile les vies très fournies en traumatismes de gens du peuple.
Ce livre a été l'occasion de faire renaître des personnages, de les découvrir, de les resituer dans leurs contextes historiques et locaux.

En retraçant le parcours d'un maçon auvergnat et de ses descendants, l'auteur a cherché aussi à placer le lecteur au sein du 19ème siècle. Cette immersion permet de mettre en évidence le fait qu'il y avait différents mondes qui se côtoyaient sans se voir, le monde des riches, le monde des gens instruits, le monde des travailleurs et des pauvres.
S'immerger dans une époque c'est mieux comprendre le parcours d'un ancêtre, d'éclairer ses décisions, ses joies, ses peines, mais surtout de mettre en relief la nature de ses stress et de ses traumatismes et l'aspect transgénérationnel de ces derniers.
Comprendre tous ces éléments c'est chercher à nous comprendre car nous sommes fortement dépendant de notre arbre généalogique.

C'est dans cet esprit que l'auteur de ce livre a voulu aussi dans un dernier chapitre examiner le rôle que pouvait avoir l'Inconscient et comprendre la nature de nos diverses émotions au travers de ce que l'on appelle l'épigénomique, domaine scientifique en plein essor permettant d'étudier l'impact des émotions sur l'ADN.

Ces gens des campagnes et ceux qui sont devenus les ouvriers des villes ont été les grands oubliés de la modernisation du pays.

Le souvenir et l'oubli s'inscrivent dans le processus de notre mémoire, c'est à chacun d'entre nous d'établir un équilibre qui soit le moins douloureux possible.
Un roman familial est compliqué, plein de mystères.

Il a fallu trouver des noms, des dates, des métiers, des lieux. Il a fallu faire des rapprochements, des tris, des juxtapositions, des concordances, des concomitances, des analyses poussées comme celles sur le comportement de nos gênes. Et de leurs évolutions

Des pistes ont été suivies, des secrets ont peut-être été découverts, mais qu'importe il n'est pas question de juger ou de commenter.
Ce décryptage a pris progressivement du sens.

Nous portons des mémoires familiales qui sont inscrites dans la grande histoire et dans un certain contexte socioculturel.
Il nous faut pénétrer dans la mémoire collective et donc l'Inconscient collectif défini par Carl Gustav Jung en passant par l'Inconscient personnel. Si l'on croit à ces définitions, ces deux couches sont fondamentales pour comprendre la nature d'un arbre généalogique, mais cette information est en filigramme et invisible.

Dans chaque époque traversée il y a des drames et des désordres familiaux qui ont des conséquences sur les générations suivantes. Les traumatismes qui en découlent peuvent se résorber sous des actions extérieures ou se charger d'autres traumatismes.

Nous portons la marque de notre environnement ; nous sommes imprégnés par ce qui constitue les us et coutumes de notre région de naissance et de ses traditions, de son histoire, de l'ambiance du milieu social et culturel dans lequel nous avons grandi. Tout ce bagage est augmenté des empreintes nombreuses des milieux où ont évolué nos ancêtres, enracinés eux-mêmes dans tous ces événements.

La lecture de cette saga familiale nous fait comprendre que notre style de vie contrôle notre santé autant que nos gènes. Mais pendant des siècles le style de vie était imposé, les gens n'avait pas le contrôle de leur vie, ils n'étaient pas responsables des implications génétiques, seule la fatalité était au rendez-vous..

Ces histoires locales, régionales, les faits historiques s'infiltrent en nous dès la naissance depuis des racines profondes et nombreuses ; des mémoires de drames et d'injustice s'agitent en nous sans que nous le percevions. Mais tous ces mouvements sont présents.
Le milieu social et culturel de nos ancêtres n'était pas le même que celui de notre enfance. Beaucoup de ces familles ont vécu dans ce qu'on appellerait maintenant des « difficultés économiques », la notion de seuil de pauvreté n'existait pas à l'époque, et nos ancêtres ont mis beaucoup de temps pour atteindre un niveau social plus enviable.
La société ou plutôt ceux qui possèdent les manettes des directions économiques et politiques du pays, ont placé un certain nombre d'obstacles au développement culturel et social du peuple. Les personnes citées dans ce livre n'ont pas eu la moindre chance de promotion, mais par contre ils ont tous participé à la sauvegarde de la nation. Aucun d'entre eux n'a échappé à l'effort de guerre en sacrifiant plusieurs années de leur vie, si ce n'est en sacrifiant leur vie. La simple inscription de leur nom sur un monument ne peut leur rendre justice. Mais que dire aussi de ceux qui revenant de guerre ont géré sans rien dire les traumatismes qu'ils n'arrivaient pas à exprimer. Que dire aussi de ces femmes qui en perdant leur mari ont connu la détresse et pour certaines la misère.

Les gens des campagnes et ceux qui sont devenus les ouvriers des villes au 19ème siècle ont été les grands oubliés de la modernisation du pays.

En retraçant le parcours d'un maçon auvergnat et de ses descendants dans le Beaujolais, l'auteur a cherché aussi à placer le lecteur au sein d'une époque pourtant pas si lointaine. Cette immersion permet de mettre en évidence le fait qu'il y avait différents mondes qui se côtoyaient sans se voir, le monde des riches, le monde des gens instruits, le monde des travailleurs et des pauvres.

S'immerger dans une époque c'est mieux comprendre le parcours d'un ancêtre, d'éclairer ses décisions, ses joies, ses peines, mais surtout de mettre en relief la nature de ses stress et de ses traumatismes et l'aspect transgénérationnel de ces derniers.

Comprendre tous ces éléments c'est chercher à nous comprendre car nous sommes fortement dépendant de notre arbre généalogique. Nos ancêtres sont partis sans un adieu mais ils ont laissé en nous des traces plus ou moins profondes.

C'est dans cet esprit que l'auteur de ce livre a voulu aussi dans un dernier chapitre suivre scientifiquement ces traces dont nous héritons, examiner le rôle que peut avoir l'Inconscient et comprendre la nature et le mécanisme de nos diverses émotions au travers de ce que l'on appelle l'épigénomique, domaine scientifique en plein essor permettant d'étudier l'impact des émotions sur l'ADN. Comprendre permet de trouver les outils pour guérir.

Cette saga familiale présente une discrète tragédie familiale et dévoile les vies très fournies en traumatismes de gens du peuple, des oubliés de l'Histoire.

Ce livre a été l'occasion de faire renaître des personnages, de les découvrir, de les resituer dans leurs contextes historiques et locaux et enfin de dérouler le fil invisible qui nous unit et qui se trouve peut-être simplement au sein même de nos cellules.

ISBN 978-0-244-37908-7

228